KB057004

서울대 의대
1학년의
찐 합격 노트

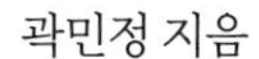
곽민정 지음

서울대 의대 1학년의 찐 합격 노트

메가스터디BOOKS

프롤로그

@frost_med • oct 11

저는 어릴 때부터 기록하는 것을 좋아했습니다.
제가 가진 기억과 생각들을 기반으로
페이지를 채우는 일이
추상적인 틀에 구체적인 색을 입히는 것 같아
매우 즐거웠기 때문입니다.
또한 저만의 결과물을
오래 간직할 수 있다는 점도 매력적이었고요.

이 책도 중학교, 고등학교 시절의 저를,
그리고 치열했던 공부의 순간을 기억하고,
오래 간직하기 위해 쓰기 시작했습니다.

고등학교 2학년 기말고사 기간에 불안을 털어놓고자
충동적으로 시작한 인스타그램의 팔로워는 이제

3만 5천 명이 넘었습니다. 이렇게 된 데는
꾸준함의 힘이 컸다고 생각합니다.

공스타그램을 운영하면서 저는 공부뿐 아니라
다양한 영역에서 조언을 구하는 메시지를 받았습니다.
그때마다 저는 최선을 다해 대답해드리려고 했지만,
수많은 질문에 제 경험을 바탕으로 대답을 하면서도
'내 대답이 과연 얼마나 도움이 될까?' 고민했습니다.
이제 겨우 대학교 1학년인 제가 드리는 말씀이
그분들에게 정답이 되지는 않을 테니까요.
다행히도 제 답변을 들은 분들이 많은 도움이 되었다고
이야기해 주셨습니다.

하지만 그것만으로는 아쉬운 마음이 들었습니다.
그래서 많은 분께서 궁금해하셨던 부분을 정리하여
최대한 이 책에 자세히 담으려고 했습니다.

물론 제 경험이 다른 사람의 기준이 될 수 없다는 사실은

잘 알고 있습니다.
저마다 좋아하는 것과 잘하는 것,
성향이 다를 테니까요.
다만 공부를 하면서 지치고 힘들 때,
성적이 생각만큼 오르지 않을 때, 집중이 되지 않을 때,
처음 마주하는 면접이라는 관문 앞에서 막막할 때
이 책이 도움이 되기를 바랍니다.

외롭고 힘든 길을 하루하루 최선을 다해 걸어가는
모든 수험생을 응원합니다.

곽민정

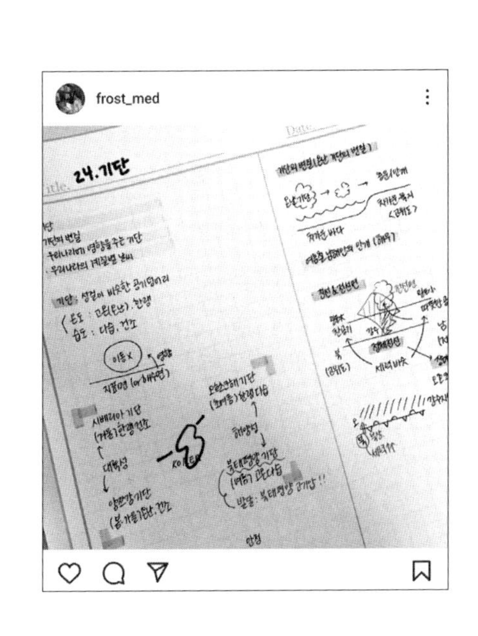
frost_med
24.기단

차례

PLAN 2

계획을 잘 세우면 실천은 쉽다

PLAN 3

고등학교 생활의 모든 것이 입시다

PLAN 4

단단하게 준비해 당당하게 합격하자

PLAN 1

공부의 이유를 알면 공부 태도가 달라진다

01 공부를 시작하게 된 진짜 이유

Seori's Note

나는 중학교 3학년 때부터 본격적으로 공부를 시작했다.
그제야 확실한 '목표'가 생겼기 때문이다.
스스로 설정한 목표가 나를 공부로 이끈 것이다.
목표가 바뀌면? 그럼 다시 계획을 세워 달리면 된다.

"서리 님은 언제부터 공부를 시작하셨나요?" 하는 질문을 종종 받습니다. 그때마다 저는 공부를 하게 된 거창한 계기가 있었던 것도 아니고, 공부를 전혀 하지 않다가 갑자기 공부를 하겠다고 마음먹었던 것이 아니기에 질문자가 예상한 답변을 드리지는 못했던 것 같습니다. 다만, 주관을 가지고 자율적으로 공부를 시작한 시기는 분명 있었습니다.

기억도 나지 않는 어린 시절부터 공부는 항상 저와 함께였습니다. 물론 제가 공부를 항상 좋아했던 것은 아닙니다. 지금은 무척이나 좋아하는 영어를 어릴 때는 싫어하기도 했었고, 지금 별로 좋아하지 않는 수학은 예전에도 별로 좋아하지 않았습니다. 그래도 그런 호불호를 넘어서, 스스로 공부를 해야겠다고 생각을 하게 된 것은 중학교 3학년 때였습니다.

중학교 1, 2학년 때까지는 제가 좋아하던 과목인 영어를 중심으로 하는 직업을 가지고 싶었습니다. 영문학 교수가 되고 싶기도 했고, 교육 행정 분야에서 일해보고 싶다는 꿈을 가지기도 했습니다. 실제로 중학교 1, 2학년 때 생활 기록부 장래 희망란에는 교육학자, 교수로 적혀 있습니다.

하지만 중학교 3학년 때, 저는 '의사'라는 새로운 꿈을 가지게 되었습니다. 사실 왜 이러한 꿈을 가지게 된 것인지 명확히 기억나지는 않습니다. 안팎의 다양한 요인들이 종합적으로 작용한 게 아닐까 싶습니다. 교회에서 의료봉사를 가시는 의사분들을 보면서 건강한 자극을 받기도 했고, 국경없는의사회의 홍보 영상이나 〈슬기로운 의사생활〉과 〈낭만닥터 김사부 2〉와 같은 의학 드라마를 열심히 챙겨 봤던 영향도 꽤나 컸을 것입니다. 또 주변에서 의사라는 직업을 권해주시기도 했고요.

목표로 열정에 불을 붙이다

비록 사람들에게 들려줄 만한 거창한 계기나 시작은 없었지만, 분명 저는 '의사'라는 꿈을 가진 후부터 공부를 열심히 하기 시작했습니다. 부모님께서 제가 중학교 3학년, 그러니까 꿈을 가지게 된 직후에 공부하던 모습이 고등학교 다니던 3년 내내 공부하던 모습보다 더 열정적이었다고 말씀하실 정도였으니까요. 지금 생각해보면 그것은 당시 가질 수 있었던 목표 중 가장 높은 목표였고, 그것을 다른 사람들에게도 공표했던 만큼, 꼭 이루어내는 모습을 보여주고 싶었던 것 같습니다.

중학교 3학년 시기는 저에게 동기 부여가 제대로 되었을 때, 스스로가 얼마나 변화할 수 있는지 확인할 수 있는 시간이었습니다. 저는 잠이 많은 편이었지만, 시험 기간에 스스로 일찍 일어나서 공부를 하고, 학교에 다녀오면 시간이 아깝다며 옷도 갈아입지 않고 책상에 앉아 공부를 하곤 했습니다. 상대적으로 늦은 시기인 중학교 3학년 때 진로를 정했던 만큼, 더 빠르게, 더 열정적으로 더 많은 것을 준비하겠다는 마음이 뇌리에 강하게 박혀 있었던 것 같습니다. 중학교 3학년 때 이렇게 온 마음을 다해서 스스로 공부한 경험은 이후에 고등학교 때에도 큰 영향을 미쳤습니다.

어떤 목표를 위해 열정을 가지고 온 힘을 쏟는 시기를 가져보는 것은 자신의 잠재력을 끌어올릴 수 있는 좋은 기회인 것 같습니다.

02 결국 공부는 혼자 하는 것

Seori's Note

모두에게 똑같이 주어진 시간을
'어떻게' 사용하느냐에 따라 결과가 달라진다.
나에게 맞는 방식의 공부 방식을 찾아
주관을 갖고 '혼자' 공부할 수 있어야 한다.

공부를 하다 보면, 세상에 홀로 남겨진 것 같고, 저 혼자만 공부를 하는 것 같아 억울하고 서러운 순간이 있었습니다. 저는 학원에서도 혼자서 공부하는데, 다른 애들은 학원에서 즐겁게 같이 공부를 하면서도 효율적으로 하는 것 같고, 또 놀면서도 공부를 잘하는 것 같아 억울하고 서러울 때가 많았습니다.

하지만 저는 그럴 때마다 '공부는 혼자 하는 것이다'라고 마음을 다잡으며 다시 공부에 집중했습니다. 사실 저는 스스로를 잘 알고 있었습니다. 다른 사람과 함께 공부를 하면 집중력이 떨어지고, 집이 아닌 다른 장소에서 공부를 하면 에너지가 훨씬 빠르게 고갈된다는 사실을 말입니다. 하지만 때때로 다른 친구들을 보면서 부러운 마음이 드는 것은 어쩔 수 없었죠. 그 마음을 빨리 인지하고, 공부는 혼자 하는 것이라고 생각하며 평정심을 유지하는 것이 가장 중요합니다.

'공부는 혼자 하는 것'이라는 생각은 어릴 때 어머니께 배웠습니다. 어머니와 함께 또는 옆 친구와 함께 질문과 대답을 나누면서 공부를 하더라도 그 지식은 결국 '스스로' 머릿속에 집어넣어야 하고, 어떤 문제를 풀기 위해서는 결국 '스스로' 그 풀이 과정을 수행해야 하는 것입니다. 내가 어떤 문제의 풀이법을 몰라서 옆 친구에게 물어봐서 풀이 방법을 알게 되었다고 해도, 스스로 그 문제를 다시 풀어낼 수 없다면 결국 공부가 되지 않은 것이기 때문입니다. 공부 시간 동안 자신이 실제로 공부를 했는가는 스스로가 가슴에 손을 얹고 생각해보아야 합니다.

물론 저도 중학교, 고등학교 때 친구들과 함께 공부를 하고 싶었습니다. 혼자서 외롭게 문제를 푸는 수학 학원이 아닌, 강의를 들으면서 친구들과 함께 수업을 듣고 함께 문제를 풀 수 있는 학원에 다니고 싶었습니다. 집에서 혼자 공부를 하기보다는 스터디 카페에 가서 새벽까지 친구들과 함께 공부를 해보고도 싶었습니다. 아침에 학교에서 친구들이 어젯밤에 같이 공부하면서 있었던 해프닝들을 이야기하는 데 끼고 싶었기 때문입니다. 학창 시절의 '추억'을 쌓고 싶다는 마음도 한몫했지요. 하지만 생각해보면, 그러한 희망사항들은 '공부'보다는 '친구'에 초점이 맞춰져 있었다는 사실을 부인하기 어렵습니다. 다행히 당시 저에게는 그 사실을 인정할 수 있을 정도의 객관성이 있었지요.

이후 대학교에 입학하고 나서 친구들과 '함께' 공부하

지 않기를 잘했다는 생각을 하였습니다. 대학교에서 동기들과 함께 공부를 하다 보니, 누군가와 함께 공부를 한다는 것은 결국 제 에너지를 여러 채널로 분산시키는 일임을 깨달았기 때문입니다. 대학교에 입학한 후에는 시험과 성적에 대한 부담감이 줄어서 마음이 느슨해진 탓도 있었겠지만, 분명 혼자 공부할 때에 비해 옆 사람을 신경 쓰거나 다른 생각을 하는 빈도가 훨씬 높았습니다. 저에게는 다른 사람과 함께 공부하는 것이 잘 맞지 않았던 것이지요.

우리가 치르고 있는 입시는 '경쟁'이 기본 원칙입니다. 학생들의 순위를 매기고, 그 순서대로 대학에 들어가다 보니, 옆 사람과 공부하는 시간은 공유할 수 있지만, 모든 상황을 공유할 수는 없습니다. 결국 모든 수험생은 자신만의 길을 걸어야 하는 것입니다. 가끔 수험 생활의 외로움을 친구들과 공유할 수는 있겠지만, 지극히 개인적인 입시 문제를 친구들이 해결해줄 수는 없는 것이죠.

집중하면 외롭지 않다

그럼에도 저는 공부를 외롭지 않게 할 수 있다고 생각합니다. 스스로 원해서 하는 공부는 너무나도 재미있을 수 있고, 새로운 것을 알아가는 과정에서 충만감을 느낄 수도 있기 때문입니다. 물론 현재 우리나라의 입시 과정은 본질적으로 학생들에게 외로움을 심어줄 수밖에 없다고 생각합니다. 입시에서 생기는 부담감, 불안함과 외로움은 어느 정도는 당연한 것입니다. 저도 그랬고, 제 주변 친구들도 그랬습니다.

하지만 저는 그 불안과 외로움을 이겨내고, 책상에 앉을 수 있는 멘탈을 가지는 것이 공부의 기본 바탕이 된다고 생각합니다. 그러려면 먼저 자신이 하고 싶은 공부를 찾거나 이루고 싶은 목표를 정하는 게 필요합니다. 깊이 집중할 수 있는 상태를 만들면 외롭지 않게 공부할 수 있습니다.

03 말하는 대로 이루어지는 공부

Seori's Note

나는 경험을 통해 매사에 긍정적인 태도를 갖는 것이
좋은 결과를 내는 데 도움이 된다는 사실을 발견했다.
긍정적인 자세는 타고나는 것이 아니다.
누구나 훈련으로 긍정적인 사람이 될 수 있다.

자만은 독이다

공부를 하면서 가장 크게 느꼈던 것이 바로, '자만은 독이다'라는 사실입니다. 이 말은 공부뿐 아니라 삶의 모든 부분에서 똑같이 적용될 것입니다. 저에게는 특히 공부를 할 때 가장 크게 영향을 받은 말이었습니다.

단순한 예시를 들어보자면, 시험의 결과에 따른 자만심은 다음 시험에 굉장한 악영향을 끼칠 수 있습니다. 저는 고등학교 내신 시험을 치를 때, 중간고사를 잘 본 과목은 기말고사를 비교적 못 보고, 중간고사를 망친 과목은 기말고사로 회복을 한 경우가 종종 있었습니다. 또 시험을 칠 때 다른 과목들을 잘 보면 마지막 순서로 시험을 보는 과목에서 항상 점수가 낮게 나오는 경우가 있었습니다.

고등학교 1학년 때 코로나19로 인해 6월에 개학을 하자마자 중간고사를 보았는데, 그때도 마지막 날에 봤던 통합과학을 제외한 다른 모든 과목들에서 100점을 받았습니다. 저희 학교에서는 그날그날 정답지를 올려주었고, 저는 가채점을 해서 마지막 날 전까지는 모든 과목에서 100점에 가까운 점수를 받았으리라 확신하고 있었습니다. 이러한 확신은 일종의 자만심으로 이어졌고, 저는 긴장감이 많이 줄어든 상태로 마지막 과목에서도 점수가 잘 나올 것이라는 근거 없는 기대를 하면서 시험에 임했습니다. 그 결과 통합과학에서 3문제를 틀리는 큰 사고가 발생했습니다. 이에 저는 자연히 겸손한 마음이 되어 기말고사에 임했고, 그 결과 통합적으로 1등급을 지켜낼 수 있었습니다.

이날만 이런 현상이 일어났던 것은 아니었습니다. 중간고사, 기말고사에서 점수만 보고 시험을 망친 줄 알았을 때에는 등수가 오히려 잘 나오고, 점수만 보고 시험을 잘 본 줄 알고 으쓱해졌을 때에는 오히려 등수가 낮게 나오는 경우도 종종 있었습니다.

이런 경험을 하면서 저는 자만하지 않는 것이 얼마나 중요한지 깨달을 수 있었습니다. 이는 당연할지도 모릅니다. 입시에서든 인생의 어느 부분에 있어서든, 당연한 결과란 없으니까요. 또한 저는 자만심을 가진다는 것은 자신이 미처 생각하지 못한 부분에서 누군가의 도움을 받았던 부분을 부정하는 것일지도 모른다고 생각했습니다. 주변의 친구에게, 선생님에게, 가족에게, 때로는 타인에게 도움을 받아서 제가 원하던 결과가 이루어졌을 가능성이 훨씬 높으니까요.

긍정은 훈련으로 만들어진다

공부를 하면서 느낀 또 다른 중요한 사실은 '말하는 대로 이루어진다'는 점입니다. 자신의 모습에 대해 긍정적인 이미지를 가지고 긍정적인 말을 하면서 생활할 때와, 부정적인 말들을 입에 달고 살면서 스스로에 대해 부정적으로 생각하며 생활할 때, 사람이 사용할 수 있는 에너지 자체가 달라집니다. 특히 수험 생활의 경우, 시간이 금인 만큼 스트레스를 풀 수 있는 방법이 제한적입니다. 이러한 상황에서 부정적인 마음가짐으로 임하게 된다면, 스스로를 극한의 상황으로 몰아넣는 것과 마찬가지 아닐까요?

저는 고등학교 생활 내내 "그럴 수 있지"라는 말과 "어떻게든 해낼 거야"라는 말을 입에 달고 살았습니다. 듣기에 따라서는 무책임해 보일 수 있는 말들이기도 합니다. 하지만 저는 진심으로 제가 어떻게든 저에게 주어진 일들을 해낼 것이라는 믿음이 있었기에 저 말들을 입에 달고 살았습니다. 가끔 스스로에게 확신이 들지 않을 때에도 습관적으로 저 말들을 되뇌었습니다. 그러면 신기하게도 제가 어떻게든지 해낼 것이라는 마음이 들었고 행동할 수 있는 동력이 생겼습니다.

저는 긍정적인 자세는 타고나는 것이 아니라, '훈련'으로 만들어진다고 생각합니다. 주변에 감사하는 태도로 어떠한 일이든 나에게 주어진 기회라고 생각하는 자세는 연습만 하면 누구나 가질 수 있습니다.

저는 시험 성적이 떨어지면, 다음 시험을 통해 저의 잠재력을 증명할 수 있는 기회를 받은 것이라고 생각했습니다. 만약 대학에 떨어졌다면, 이는 저에게 더 좋은 길이 열리기 위해 하나의 길이 닫힌 것이라고 생각했을 거예요. 실제로 저는 처음에 성균관대학교 의과대학에 떨어졌을 때, '아, 내가 서울대학교에 갈 인재라 뽑히지 않았나 보다'라고 생각했습니다. 누군가는 자신에 대한 믿음이 지나치다고 볼 수도 있겠지만, 앞으로 치러야 할 입시가 남은 상황에 '나는 그 어느 곳도 갈 수 없을 거야'라고 부정적으로 생각하며 좌절하는 것보다는 훨씬 나은 마음가짐이라고 생각합니다. 나에게 주어진 결과에 대해 명확한 이유를 알 수 없는 상황이라면 자신만의 방식대로, 긍정적으로 해석하는 것도 나쁘지는 않을 테니까요.

10번의 내신만 버티자

아주 어릴 때, 어머니께서 저를 업고 갈 수 없는 상황에서 제가 더 이상 못 걷겠다고 주저앉았던 기억이 있습니다. 그때 어머니는 저에게 이렇게 말했습니다.

"저기, 딱 저기 있는 나무까지만 걸어가 보자."

그 나무에 도착할 때 즈음이면 어머니는 저에게 다시, "저 나무까지만 조금 더 힘을 내보자."라는 말을 반복하셨습니다.

어린 저는 그 당시에도 저 나무까지 간다고 어머니께서 저를 업어주는 일은 없다는 것을 알고 있었습니다. 그렇지만 눈앞에 '나무'라는 명확한 목표가 있었기에 조금 더 힘을 내서 걸음을 뗄 수 있었습니다.

입시도 마찬가지라고 생각합니다. 고등학교 입학을 앞두고 저는 앞으로 어떻게 공부를 해나가야 할지 막막함을 느꼈습니다.

하지만 중학교 3학년 겨울 방학 때, 어머니께서는 저에게 이러한 이야기를 해주셨습니다.

"고등학교에 들어가면 딱 10번의 내신만 버텨내면 되는 거야."

저는 고등학교 3년 내내 이 말을 생각하면서 힘을 냈습니다. 하나의 시험이 끝날 때마다 9개, 8개…이제 1개. 저는 남은 시험의 숫자가 줄어드는 것을 느낄 때마다, 제가 지금까지 정말 많은 것을 이루어 왔다는 안도감과 성취감을 느낄 수 있었습니다.

만약 제가 고등학교 3년이라는 기간을 버텨야 한다는

생각으로 공부에 임했다면 더 빨리 지쳤을 것입니다. 하지만 딱 10번의 시험만 보면 된다고 생각하니, 무턱대고 겁을 먹지 않을 수 있었습니다. 눈앞에 놓인 시험을 하나씩 해결하면, 입시의 끝에 한 걸음 더 다가선다는 것을 실제로 느낄 수 있어서 덜 막막했습니다.

반복에
지치지 않는 자가
성취한다.

평범하게 살기를
원치 않으면서
왜 평범하게
노력하는가?

04 슬럼프를 '슬럼프'라고 규정짓지 않는 이유

Seori's Note

공부하는 사람에게 슬럼프가 오는 건 이상한 일이 아니다.
그러나 슬럼프를 슬럼프라고 인정할 때와
그렇지 않을 때 결과는 달라진다.

저에게 중학교, 고등학교 공부는 '인내'의 연속이었습니다. 입시 공부는 스스로가 원해서, 무언가를 더 알고자 마음껏 파고드는 공부가 아닙니다. 그래서 어느 정도의 공식과 공부법이 있지요. 저는 이러한 틀이 있는 공부에는 재미를 크게 느끼지 못했습니다. 그래서 저는 결과를 만족스럽게 만들어서 거기서 즐거움을 찾으려고 했습니다.

하지만 이러한 성취감으로도 공부를 지속적으로 즐기기 어려울 때가 종종 있었습니다. 이후 저는 공부란 어떤 감정을 느끼기보다는 자연스럽게 해야 하는 일임을 깨닫고 평정심을 갖고 공부하려고 노력했습니다.

물론 그럼에도 때로는 공부를 하기 싫고, 공부가 부담이 되고, 버티기 힘들 때가 있었습니다. 하고 싶은 일을 해도 힘들 때가 많은데, 하고 싶지도 않은 일을 할 때에는 더욱 그렇겠지요.

그러나 여기에서 중요한 것은, 저는 버티기 힘들다고 느껴질 때 그것을 '슬럼프'라고 규정짓지 않았다는 사실입니다.

"말하는 대로 된다."

앞서도 말했듯 제가 입시 생활 내내 마음속에 새겨두었던 말이기도 하고, 가장 뼈저리게 느꼈던 말이기도 합니다. 저는 너무 버티기 힘들어서 투정을 부릴지언정 그 순간을 '슬럼프'라고 규정짓는 것이 두려웠습니다. 말이 가진 힘을 알고 있었기 때문에 지금의 어려움을 슬럼프로 규정지어 버리면 그 순간이 오랜 시간 지속될까 봐 두려웠던 것입니다. 차라리 힘들다는 것을 인정하고 그 부담과 고통을 온전히 받아들이고 나서 벗어나면 되는 것을, 슬럼프라는 이름 뒤에 숨어서 회피하는 느낌이기도 했습니다.

제가 이런 생각을 가지게 된 계기는《모리와 함께한 화요일》이라는 책을 읽고 나서였습니다. 삶과 죽음에 대한 강의록이자 에세이인 이 책에는, 감정을 온전히 느끼고 '벗어나는 것'에 대한 이야기가 담겨 있습니다.

우리는 어떤 감정을 느낄 때 그 감정이 온전히 자신을 꿰뚫고 지나가게 하지 못한다면 겁이 나서 어쩔 줄 몰라 하게 된다고 합니다. 그러니 감정에 온전히 자신을 던져야 된다는 것이지요. 그래서 스스로 그 감정 안에 빠져들도록 내버려 두면 그 감정들을 제대로 경험하게 된다는 것입니다. 그럼 그제야 '좋아, 난 지금껏 그 감정을 충분히 느꼈어. 이젠 그 감정을 너무도 잘 알아. 그렇다면 이제 잠시 그 감정에서 벗어날 필요가 있겠어.'라고 생각할 수 있게 된다고 합니다. 어차피 감정에 초연할 수 없다면 이러한 방법으로 극복하는 것이 좋다고 생각했습니다.

저는 주변에서 '나 요즘 슬럼프야.'라고 이야기를 하면서 점점 우울해지고, 모든 일에서 열정을 잃어가면서도 슬럼프는 원래 그런 것이라고 규정하며 당연하게 받아들이는 사례들을 종종 봤습니다. 저도 처음에는 그랬습니다. 처음으로 공부에 부담감을 느끼고 우울감에 괴로웠을 때 저는 제가 슬럼프에 빠졌다고만 생각했습니다.

그때, 어머니께서 저에게 이렇게 말해주셨습니다.

"네가 슬럼프라고 자꾸 생각하니까 슬럼프인 거야."

이 말을 듣고 처음에는 억울하고 화도 났습니다. 제가 힘들어하는 게 뻔히 보일 텐데 이런 말을 하는 것은 제 노력을 무시하거나 제 고민들을 간단한 것으로 치부하는 것처럼 여겨졌기 때문이죠. 조금은 서럽기도 했었습니다. 그래도 어머니께서 저를 위해서 해준 말씀이니, 한 번쯤은 어머니의 말씀대로 마음가짐을 바꿔보기로 했습니다.

'나는 우울감과 무기력증을 겪는 슬럼프라는 시기에 있다'는 생각 대신 '나는 지금 조금 힘든 순간을 보내고 있지만, 이만큼 부담감과 슬픔을 겪었으니 이제는 그 감정에서 벗어날 만큼의 힘도 생겼을 거야!'라고 긍정적으로 생각하려고 노력했습니다. 사람 마음이라는 것이 참 신기하더라고요. 스스로 빠져나올 수 있다, 해낼 수 있다는 긍정적인 확언을 하면 할수록 신기하게도 다시 시작할 힘이 났습니다. 이런 경험을 해보고 나니, 힘들 때마다 긍정적인 자세로 문제를 바라보기 시작했습니다. 이와 같은 태도는 학업에서뿐 아니라 생활 전반에서도 제가 바라는 결과를 만들어내는 데 큰 도움이 되었습니다.

05 그럼에도 힘든 순간이 올 때

Seori's Note

내가 무엇을 좋아하는지 알면
공부하는 동안 큰 힘이 된다.
무엇이 내 기분을 좋게 만들어주는지
곰곰히 생각해보자.

마음을 다잡아도 가끔은 진짜 견딜 수 없을 만큼 힘든 때가 오기도 합니다. 도저히 더 앉아 있지 못하겠고, 글자를 보면 속이 울렁거려 아침에 먹은 것을 다 토해버릴 것 같은 순간이요. 공부를 마음먹고 정말 제대로 해 본 사람이라면, 누구나 한 번쯤은 이러한 순간을 겪어 봤을 것이라고 생각합니다. 이런 순간은 슬럼프처럼 길게 지속되지는 않지만, 힘든 경험임은 분명합니다. 이럴 때마다 저는 우선 어떻게든 버티려고 노력했습니다.

도저히 한순간도 더 앉아 있을 수 없다?

일단 눈을 감고, 깊게 심호흡을 하면서 3초를 셌습니다.

그러고도 못 앉아 있겠다?

그러면 또 3초를 세 보았습니다.

이렇게까지 했는데도 도저히 앉아 있을 수 없다?

그러면 우선 자리에서 일어났습니다. 집이라면 물을 한 잔 마시러 거실로 나갔습니다. 학교라면 화장실을 한 번 다녀오든 선생님들과 이야기를 나누든 무언가 새로운 자극을 잠깐 주고, 머리를 잠시 식혔습니다. 그러고 나서는 다시 자리에 앉았습니다. 앉아 있는 것 자체가 습관이고, 힘들 때도 앉아서 공부할 수 있다는 것 자체가 능력이라고 생각했기 때문입니다.

대신 저는 일어났다가 앉아도 도저히 공부가 손에 잡히지 않을 때에는 다른 방법을 썼습니다. 주로 하루 종일 공부를 하느라 진이 빠진 저녁 시간이나, 집에서 공부를 할 때 이런 위기가 찾아왔습니다. 그럴 때 저는 씻는 시간을 활용했습니다.

특이하게도 저는 고등학교 때까지도 샤워 시간만큼은 한 시간을 꽉꽉 채웠습니다. 씻는 시간을 줄이려고 딱히 노력하지도 않았습니다. 씻는 시간은 저에게 머리를 식히는 시간이자, 일상에서 누릴 수 있는 소박하지만 확실한 행복이었기 때문입니다.

시험 기간이 아닐 때는 씻으면서 좋아하는 노래들을 들었습니다. 중학교 때는 제가 좋아했던 방탄소년단의 노래를, 고등학교 때는 새로 발매된 팝송을 주로 들었습니다. 이렇게 음악을 들으면서 씻으면 공부에 대한 의지가 다시 생기는 듯했습니다. 뜨거운 물로 머리를 마사지하다 보면,

안 풀리던 문제를 다시 볼 수 있는 마음의 여유도 새롭게 생겼습니다. 씻는 시간은 저에게 재충전을 하는 시간이나 마찬가지였습니다.

이렇게 소박하지만 확실한 행복을 줄 수 있는 일을 찾는 것은 힘든 수험 생활을 이겨내는 지혜로운 방법이라고 생각합니다.

06 최고의 멘토가 되어 주신 부모님

Seori's Note

공부 자체는 전적으로 혼자 해야 하는 것이지만
내가 어떤 목표를 갖고 어떻게 공부를 하는지는
부모님과 공유하면 큰 도움을 받을 수 있다.
이 책을 보시는 부모님이 있다면 자녀를 온전히 지지하고 있다는 걸
표현해주시면 좋겠다.

저는 외동이라 그런지 수험 생활의 외로움을 부모님과 가장 많이 나눈 것 같습니다. 어릴 때부터 친구들과 노는 것만큼이나 부모님과 함께 있는 것을 좋아했습니다. 부모님께서 저에게 많은 부분을 맞춰주시기도 했고 부모님과

함께 있을 때 더 다양하고 새로운 경험을 할 수 있었기 때문인 듯합니다.

중학교, 고등학교 때까지는 특히 어머니와 더 많은 시간을 보냈습니다. 어머니께서는 제 스케줄이나 컨디션을 살펴주셨고 인간관계에 관한 고민도 상담해주시며 좋은 멘토이자 가장 친한 친구가 되어 주셨습니다. 저는 밖에서 하루를 보내고 나면 친구와 떠드는 것처럼 어머니께 오늘 겪었던 다양한 일들, 느꼈던 감정들이나 했던 생각들을 줄줄이 털어놓는 것을 무척이나 좋아했습니다. 그러다 보니 어머니는 저에 대해서만큼은 걸어다니는 백과사전이나 마찬가지였습니다. 제가 어떤 성향을 가지고 있는지, 언제 지치는지, 무엇을 좋아하고 무엇을 싫어하는지까지 저보다도 더 잘 알 정도였으니까요.

내 꿈의 등대가 되어 주신 부모님

입시를 준비하면서 어머니와의 이러한 친밀한 관계가 나날이 감사하게 느껴졌습니다. 어머니와 저는 항상 입시를 '2인 3각'이라고 부르곤 했습니다. 저와 어머니, 그리고 아버지까지 셋이서 힘을 합쳐야만 과정도 결과도 모두 좋으리라고 생각했기 때문입니다.

실제로 어머니께서는 제가 어느 부분의 문제가 잘 안 풀려서 답답하다든지 하루 종일 앉아 있으니까 허리가 아프다든지 공부하면서 겪는 문제들을 털어놓으면 그것을 해결하기 위해 다양한 방법을 찾아주셨습니다. 제가 헷갈려 하는 특정 문제들을 모아놓은 학습지를 구해주시거나 만들어주시기도 했고, 집에서 쓰는 의자를 제 몸에 잘 맞는 의자로 바꿔주시기도 했습니다. 저도 어머니의 그런 노력에 부응하려고 더 열심히 공부했습니다.

이러한 과정을 겪으면서 어머니에 대한 제 신뢰는 점점 단단해졌습니다. 저는 단 한 번도 어머니께서 하신 일들이 저를 위한 것이 아니라는 생각을 해본 적이 없습니다. 어머니는 늘 제 편이셨기 때문입니다. 그래서 가끔 예민한 시기에 어머니와 의견 차이가 있을 때에도 어머니에 대한 사랑과 신뢰 자체가 흔들리지는 않았습니다. 이러한 정서적 안정감은 입시 생활 내내 제 긍정적 마인드의 기반이 되어 주었습니다.

어머니는 제 생활 전반에도 많은 도움을 주셨습니다. 피곤해서 알람을 잘 듣지 못하는 저를 깨워주셨고, 아침을 차려주셨고, 학교에서 돌아오면 간식과 저녁을 챙겨주셨습니다. 제가 학교에서 돌아와 너무 피곤해하면 차로 저를 학원까지 데려다주시기도 했습니다. 제가 막연한 불안감을 느낄 때 제 옆에서 조용히 손을 꼭 잡아주고 등을 토닥여주시기도 했습니다.

아버지도 저에게 큰 힘이 되어 주셨습니다. 아버지께서는 항상 객관적인 시선으로 저에게 도움이 되는 이야기들을 많이 해주셨습니다. 제가 장기적인 시선을 갖고 공부할 수 있기를 바라셨던 것 같습니다.

고등학교 2학년 때의 일입니다. 제2외국어로 일본어를 선택했는데, 안 그래도 적은 학생 수가 두 과목으로 나뉘면서 절대적인 수가 적어졌습니다. 저는 중간고사와 기말고사를 합산했을 때 1등급이 나오지 않을까 봐 걱정하고 있었습니다. 그때 아버지께서 '간단하게 계산을 했을 때

상위 3% 정도가 나온다'며 그렇게 불안해하지 않아도 될 것 같다고 현실적인 조언을 해주셨습니다. 또 2등급이 나온다고 하더라도 제가 지금 성적을 바꿀 수 있는 것이 아닌 이상, 그것에 대해서 걱정하기보다는 차라리 세부 특기 사항을 위한 보고서 활동에 대해서 고민하는 것이 낫지 않냐는 조언도 해주셨습니다. 그 건조한 말들에 안심되었다는 것이 너무 싱거워 보이기도 하고 웃기기도 하지만, 저는 그때 아버지의 조언을 듣고 제가 할 수 있는 일들을 하며 멘탈을 다잡을 수 있었습니다.

이렇게 부모님께서는 항상 저를 든든하게 받쳐주시는 기둥이 되어 주셨습니다. 저에게 방향을 정해주시기보다는, 제가 원하는 방향으로 갈 수 있도록 길을 보여주는 이정표의 역할을 해주셨습니다.

부모님께서는 항상 저에게 제가 원하는 것을 하라고 하셨습니다. 그리고 목표를 설정했다면, 그것을 이루도록 노력하라고 말씀하셨습니다. 되돌아보면, 제가 노력을 하지 않아서 목표를 낮추는 것에 대해서만 따끔하게 말씀하셨고, 저에게 한 번도 높은 목표 그 자체를 강요하신 적은 없었던 것 같습니다. 어릴 때 제가 선생님이 되겠다고 마음을 먹었을 때에도, 중학교 1, 2학년 때 제가 좋아하는 영문학을 전공하겠다고 말씀을 드렸을 때에도, 중학교 3학년 때 제가 의대에 가겠다고 말씀을 드렸을 때에도, 부모님은 한결같이 제 꿈을 응원해주셨습니다.

제 꿈에 대한 부모님의 덤덤한 반응이 서운할 때도 있었습니다. 때로는 부모님이 직업군을 정해주는 친구들이 부럽기도 했습니다. 하지만 지금은 알고 있습니다. 저의 다양한 흥미와 변하는 꿈을 부모님께서 항상 존중해주시고 묵묵히 도와주시는 것이 얼마나 어려운 일이었는지를 말이지요.

이렇게 부모님이 제 모든 꿈을 지지해주셨기 때문에 오히려 제가 스스로 점점 더 높은 목표를 잡을 수 있었던 것 같습니다. 제가 '서울대학교 의과대학'이라는 목표를 잡은 후에도 변함없이 부모님은 제가 그 목표를 이룰 수 있도록 최선을 다해주셨습니다.

서울대 의대에 합격한 이후에 부모님과 많은 대화를 나누면서 제가 처음으로 이 목표를 잡았을 때에 대한 이야기를 하였습니다. 사실 어머니께서는 제가 서울대 의대를 목표로 잡았을 때, 제가 목표를 이룰 가능성이 매우 낮다고 생각하셨다고 합니다. 문과에서 이과로 전향했기 때문에 의대에 진학하게 되더라도 더 낮은 대학의 의대에 갈 것이라고 생각하셨다고 합니다. 그 이야기를 들으니 제가 목표를 이룰 수 없을 것이라고 생각하셨음에도 불구하고 어머니께서 보여주셨던 한없는 믿음이 저라는 존재에 대한 믿음이라고 느껴져서 더욱 감사한 마음이 들었습니다.

내일의
약속보다는
오늘의 노력이
중요하다.

질문을
멈추는 순간,
문제는
지루해진다.
항상 호기심을
잃지 말기를.

07 나만의 기준으로 만들어가는 친구 관계

Seori's Note

친구들과 많은 시간을 보내지 못하면
소외감이나 불안감을 느낄 수 있지만
공부뿐 아니라 친구 관계에서도 자신만의 기준을 세워두면
친구 때문에 고민하느라 소모되는 에너지를 크게 줄일 수 있다.

저는 중학교, 고등학교 내내 친구들과의 관계가 원만한 편이었습니다. 몇 명의 친한 친구들과만 어울린 것은 아니었고 반 친구들과 두루두루 친하게 지내는 편이었습니다. 이러한 성격은 이후에 공부를 할 때 오히려 더 편하게 작용하였습니다.

중학교, 고등학교 친구들에게 제 이미지가 어땠는지 물어봤을 때 가장 많이 나왔던 답변은 바로 '똘똘이 스머프'였습니다. 왜 그런 이미지였는지 물어보니 첫인상 자체부터 '공부를 잘하게 생겼다'라는 이유가 가장 많았습니다. 사실 '웹툰에 나오는 전교 1등처럼 생겼다'라는 말까지 들은 이후, 저는 이유를 논리적으로 이해하는 것을 포기하였습니다.

첫인상부터 이렇게 인식되어서 그런지, 제가 쉬는 시간에 공부를 해도 아무도 저를 이상하게 생각하거나 그것 때문에 시비를 걸지는 않았던 것 같습니다. 오히려 자연스럽게 '아, 재는 원래 공부하는 애니까' 정도로 받아들이는 것 같았습니다. 또 모르는 문제가 있으면 당연히 저에게 물어보는 분위기가 만들어지기도 했습니다.

제가 반 친구들과 골고루 친하게 지내기는 했지만 중학교, 고등학교 내내 좀 더 친하게 지낸 친구들이 있었습니다. 그중에서 평생 갈 만큼 친해진 친구들도 있었고요. 다만 그 친구들은 거의 다 집에 있는 것을 가장 좋아하고 즐기는 집돌이, 집순이였습니다. 당시의 저와 마찬가지로 MBTI 가장 앞자리가 대문자 I인 친구들이었죠. 바깥으로 놀러 가자고 제안하지도 않고, 학교에서 즐겁게 떠드는 것만으로도 다 같이 만족스러워하는 친구들이었습니다. 그 친구들 덕분에 점심시간에 같이 밥을 먹고, 소소한 이야기를 나누면서 무척이나 즐거운 시간을 보낼 수 있었습니다.

'학창 시절에 공부와 친구 관계 중 어느 것을 더 중요시했느냐'라고 묻는다면, 저는 당연히 '공부'라고 대답을 하겠지만, 친구 관계를 포기할 필요는 없다고 생각합니다. 친구란 결국 서로에게 의지가 되고 도움이 되는 관계인데, 서로 선을 지키며 존중해준다면 입시 생활 내내 서로에게 굉장히 큰 힘이 되어줄 수도 있는 존재이기 때문입니다.

제가 위에서 이야기한 '중요시'의 의미는, '어느 정도의 시간을 쏟느냐'로 해석했을 때 가장 적절하게 이해될 것 같습니다. 친구들과 잘 지내는 것은 대인 관계나 스트레스 관리에 있어서도 중요한 부분이지만, 저는 친구 관계를 유지하기 위해서 과하게 시간을 투자하는 것보다는, 입시 생활 동안은 공부에 투자하는 것이 바람직하다고 생각하였습니다.

예를 들어, 친구가 함께 학원을 빼고 놀러가자고 한다면? 그 친구는 배려가 없는 것이라고 생각했습니다. 제가 공부할 생각이 있다는 것을 알면서도 저에게 직접적으로 피해가 갈 만한 일을 제안하는 친구와는 건강한 관계가 될 수 없다고 판단했기 때문이죠. 이 예시는 조금은 극단적일 수 있지만, 입시를 준비하던 때의 저는 어느 정도 단호한 기준을 가지고 있었습니다.

이렇게 자신만의 기준을 세워두면 친구 관계로 크게 스트레스를 받지 않을 수 있습니다. 공부를 해야 할 때는 공부를 하고, 스트레스를 풀고 싶을 때는 저만의 기준 안에서 친구들과 자유로운 시간을 보냈습니다. 제 친구들은 제가 공부를 한다고 해서 저를 불편해하지도, 소외시키지도 않았고, 또 제가 함께 논다고 해서 이상하게 보지도 않았습니다. 중학교, 고등학교 시절 내내 착하고 성격이 잘 맞는 친구들을 만날 수 있었던 것은 행운인 것 같습니다. 친구들은 제 입시에 정말 많은 힘과 도움이 되었습니다.

frost_med

Planner
PRODUCTIVE DAY

DATE
2022. 11. 21. Mo
TOTAL TIME

D-DAY
D-5 (서울대 면접)

TASKS
<기말> 고전과윤리 - 영상 시청 (43m 21s) ✔
학습지 회독
학습지 암기
고급생명과학 - 학습지 풀이 (42Q)
개념 암기 - 광합성 세포호흡 ✔
지구과학Ⅱ - 적어준 문제에 대한 답지 만들기 ✔
만든 답지 복습 ✔

Seori's Q&A

고등학교 1,2학년 때 하루 루틴이 궁금해요.

제가 다닌 고등학교에서는 월요일을 제외한 4일 동안 7교시 수업을 했기 때문에 오후 4시에 수업이 끝났습니다. 저는 수시를 준비했던 만큼 고등학교 2학년 때까지는 주로 내신 공부에 집중했습니다.

보통 7시 10분 정도에 일어나 세수를 하고 아침을 먹은 후 등교하면 7시 40분 정도 되었습니다. 그때부터 아침 조회 시간인 8시 10분까지는 하루의 계획을 세우고 자습을 했습니다. 8시 20분부터는 학교 수업에 집중하였습니다. 쉬는 시간에는 이동 수업을 위해서 이동하거나 친구들과 담소를 나누는 등 말 그대로 쉬는 시간을 가졌습니다.

평소 점심시간에는 밥을 먹고 쉬었지만, 시험 기간에는 공부를 했습니다. 날씨가 좋을 때에는 나름의 낭만을 챙기기 위해 운동장 벤치로 나가서 공부를 하기도 했고, 도서관이나 자습실에 가서 공부를 하기도 했습니다. 시험 기간이 아닐 때에는 친구들과 운동장을 걸으면서 오후 수업을 위해 충전하는 시간을 가졌습니다.
오후 수업을 마치고 집에 도착하면 대체로 4시 10분쯤 되었습니다.

5시에 수학 학원에 가야 하므로 잠시 낮잠을 자고 저녁을 먹은 후 학원에 갔습니다.

8시에 학원이 끝나면 집에 와서 간단한 과일이나 간식을 먹고 바로 씻었습니다. 그때부터 그날의 컨디션에 따라 자정에서 새벽 1시 정도까지 필요한 공부를 빠르게 끝냈습니다. 주중에는 최대한 쉬는 시간을 줄이고 공부를 했습니다.

Seori's Q&A

국어 지문이 너무 안 읽혀요. 어떻게 공부하면 될까요?

수능 국어의 경우, 지문을 '구조적으로' 읽는 연습을 하는 것이 가장 중요합니다.

문학 지문과 비문학 지문 모두 명시적인 답이 존재하고, 그 답을 얻을 수 있도록 지문과 질문은 논리적으로 설계되어 있습니다. 저는 지문 안에 존재하는 단서들을 최대한 수합하고 그것을 질문과 잘 맞추어 봐야지만 문제를 푸는 과정이 쉬워진다고 생각했습니다. 이러한 단서들을 얻기 위해서는 결국, 글의 전체적인 맥락을 파악하고, 그 속에서 문제가 무엇을 묻고 있는지를 맞혀야 합니다.

글의 구조를 제대로 파악하기 위해서는 우선 어휘력이 뒷받침되어야 합니다. 단어 뜻을 몰라 글의 의미를 파악하지 못하는데 지문을 이해할 수 있을까요?

만약 충분한 어휘력이 있어서 지문의 내용은 완벽하게 이해가 된다면, 그 속에서 문제를 풀기 위해 필요한 부분을 뽑아내는 연습을 해야 합니다. 이 연습에는 개요를 그리는 것이 가장 도움이 됩니다. 다만, 이 개요를 꼭 물리적으로 그릴 필요는 없다고 생각합니다. 지문의 짜임이 단순하다면 지문에 간단하게 표시를 하면서 읽음으로써 개요가 머릿속에 충분히 그려질 수도 있으니까요. 반대로 지문의 짜임이 복잡하다면 지문에 표시하는 것보다 실제로 마인드맵을 그려보는 게 시간이 덜 들 수도 있습니다.

이렇게 내용도 이해하고 구조도 잘 파악할 수 있다면, 그 이후로는 결국 문제를 실제로 얼마나 많이 풀어보는지가 관건입니다. 글 전체의 주제를 묻는 문제, 문단 하나의 주제를 묻는 문제, 표현상의 특징을 묻는 문제, 인과 관계를 추론해서 묻는 문제 등 나올 수 있는 수많은 유형의 문제들을 접해 보아야 구조를 그리는 것 또한 쉬워질 것입니다. 문제의 유형과 자주 출제되는 표현에 익숙해지게 된다면, 결국 문제를 푸는 속도와 정확도가 높아집니다.

PLAN 2

계획을 잘 세우면 실천은 쉽다

01 일 년, 한 달, 하루 계획법

Seori's Note

플래너 작성은 공부를 실행하는 데 도움을 주는 것은 물론
공부하면서 드는 불안한 마음을 잠재워주기도 한다.
공부를 내 눈앞에 보이게 붙잡아두는 방법이 플래너 작성이다.

저는 3년 내내 어떤 식으로든 공부에 대한 계획을 반드시 세웠습니다. 달력에 표시를 해두기도 했고, 엑셀로 한 달 치 계획표를 뽑아서 계획을 세우기도 하고 일주일 또는 하루를 기준으로 기록할 수 있는 플래너를 활용해서 계획을 세우기도 했습니다. 이렇게 계획을 많이 세웠던 이유는 제가 노는 데에도 계획을 세울 만큼 계획적인 성

격이라서 그렇기도 하지만, 특히나 공부는 계획이 반이라고 생각했기 때문입니다.

중학교 때까지만 해도 흘러가는 대로 공부했던 친구들도 고등학교에 진학하면 반강제로 플래너를 작성하게 됩니다. 그 이유는 무척 단순합니다. 할 일이 너무 많기 때문입니다.

특히 수시에 지원하는 경우에는 각종 내신 과목의 공부뿐만 아니라 매일같이 새롭게 주어지는 비교과 활동들이 넘쳐나기 때문에 이러한 내용을 얼마나 잘 정리하는지가 성적과 직결되기도 합니다.

저는 계획을 세울 때, 1년, 한 학기, 시험 기간과 비교과 기간으로 나누어서 큰 틀을 잡은 후, 매일 플래너에 하루치 계획을 작성했습니다.

우선, 새 학기가 시작되기 전, 학교에서 나누어 주는 학사 일정을 바탕으로 앞으로 1년, 혹은 한 학기 동안 있을 큰 일정들을 파악했습니다. 중간고사와 기말고사 기간, 학교 축제, 중요한 대회 등의 일정들이 언제인지를 확인해야 제가 공부할 수 있는 기간을 파악할 수 있기 때문입니다. 저는 일정을 참고하여, 중간고사 때 (혹은 기말고사 때) 공부를 할 수 있는 기간이 3주인지 혹은 4주인지, 중간고사와 기말고사 사이에 비교과 활동을 챙길 수 있을 만큼 충분히 시간이 주어지는지 등을 확인했습니다.

이렇게 큰 틀을 잡은 이후에는 과목별로 구체적인 공부 목표를 세웠습니다. 어떤 교재를 활용해서 어떤 식으로 예습과 복습을 진행할 것인지를 미리 생각해 두었습니다. 다만 내신의 경우에는 학교 선생님마다 출제 유형이 달라질 수 있고, 이에 따라 풀어야 하는 교재가 달라질 수 있기 때문에 풀 만한 문제집과 그 특징에 대해서 가볍게 알아보는 정도로 마무리를 지었습니다.

비내신 기간에는 한 달 또는 일주일을 한눈에 볼 수 있는 형태의 플래너를 주로 활용했습니다. 각종 수행평가나 비교과 활동이 많아질 때 이런 형태를 사용하니 편리했습니다. 비교과 활동은 기한을 지키는 것이 최우선이기 때문에 한눈에 모든 일정을 파악할 수 있는 형태를 사용했

< 고2 1학기 비내신 기간 일주일 플래너 >

<비교과>	Mon 7/11		Tue 7/12		Wed 7/13	
국어C 발표 V 영어B 발표 V 미적분 발표 V 확통 보고서 작성 고급화학 발표 V 지표 영상 제작 V 진로보고서(물리) 작성 V 진로독서 (deepest well) 작성 V 독서록 작성 V 고전과윤리 발표 V 탐구공동체 제출 V 자율동아리 제출 V 음감비 세특 작성 V 동아리 보고서 작성	독서록 쓰니... 느라 밤샜음... 그러고선 대성디바 불태버림. 7시 등교 ㅋㅋㅋ 고전윤리 세특 보고서 주제 마음에 안들어서 갈아엎고 싶은데 시간이...		맹꽹! 5:00 마라탕 V 인생 첫! 독서록 계획 다시 읽기. 내일 학교에서 자율동아리 정리. 탐구공동체 소감문 V 독서B 소감문 V KISS		음악세특 질문하기 V	
	V	4:00 자소서 특강	V	고전윤리 T께 질문	→	탐구공동체 파일 제출 (목)
	V	-10:00 독서록 제출	V	영B 발표	V	탐구공동체 자료 조사·정리
	V	영B 발표 신청 (2층)	V	독서B 발표	V	자율동아리 정리·소감문 작성
	V	탐구공동체 지도교사 싸인	V	탐구공동체 파일 받기	X	진로독서 (deepest) 작성
	V	자소서 컨설팅 신청서 제출	X	진로보고서 (물리) 작성	V	진로보고서 (물리) 1차 초안
	△	고전윤리 비교과 만들기	△	진로독서 (deepest) 작성	→	독서록 받아오기 (금)
	V	#Y DAY1 문·채·오	X	확통보고서 주제 구체화	X	#Y DAY3 문·채·오
	V	언매 #01 DAY1	V	#Y DAY2 문·채·오	X	언매 #01 DAY5
	V	언매 #01 DAY2	V	언매 #01 DAY3	X	언매 #01 DAY6
			V	언매 #01 DAY4	V	미적분 발표
	V	고급화학 프린트하기!	V	고전윤리 비교과 만들기 NEW	V	독서B 제출하기
			V	심리학 제출하기	V	고전윤리 제출

Thu		짐미리 챙겨오기.✔ 지I 학습계획 세우기✔ Fri		생I 학습계획 세우기✔ 왜…한 게 없지? 이제는 시간관리가 생명이다! Sat 7/16		음악보고서 프린트✔ 동아리 보고서 작성 자기소개서 초안 작성 Sun 7/17	
V	진로보고서 물리T 피드백	△	독서록 교과목별 검사 맡기 (→고생, 확통)	V	8:10 러셀 썸머 OT	V	9:00 강기원T
V	탐구공동체 제출	V	자율동아리 창체부 제출	V	9:00 김은양T	V	다다익선 DAY1 문제오
△	자율동아리 제출	V	진로보고서 (물리) 제출	V	1:30 최수준T	V	강기원 복습 및 계획 세우기
V	고급화학 발표.	V	진로독서 (deepest) 제출	X	확통 보고서 주제 구체화	V	생명I 학습계획 세우기
V	진로독서 (deepest) 작성	X	확통보고서 주제 구체화	V	음감상 보고서 작성	X	수II 수능특강 1단원
V	진로보고서 (물리) 완성	V	6:30 박선T 첫 수업	X	수I 수능특강 1단원	X	수II 수능특강 2단원
△	#Y DAY3 문·채·오	V	#Y DAY3 문채오	X	수I 수능특강 2단원	X	수II 수능특강 3단원
X	#Y DAY4 문·채·오	X	다다익선 DAY1 문채오	X	수I 수능특강 3단원	V	지I 서바 복습
V	언매 #01 DAY5	V	이의제기 DAY1 문채오	X	다다익선 DAY1 문채오	V	지I sunset 30Q
V	언매 #01 DAY6	V	언매 #01 DAY9			V	지II Sun 50Q
V	언매 #01 DAY7	V	언매 #01 DAY10			V	생I 서바 복습
V	언매 #01 DAY8	V	지I 수완 풀기 시작			V	생I ATG -15번 Q

< 고1 내신 기간 한 달 계획표 >

일요일	월요일	화요일	수요일
04월 02일	04월 03일	04월 04일	04월 05일
	5:00-8:00 수학학원		
04월 09일	04월 10일	04월 11일	04월 12일
<통합과학, 영어>	5:00-8:00 수학학원 <수학>	<통합사회>	*사회수행평가 <한국사>
04월 16일	04월 17일	04월 18일	04월 19일
<통합사회, 통합과학, 수학>	5:00-8:00 수학학원 기출 △	┌→ 교과서·프린트 <통합사회, 통합과학> ←	<한국사, 영어> — 2회독 —
04월 23일	04월 24일	04월 25일	04월 26일
<수학, 통합사회, 한국사> →	5:00- 국어학원 <국어>	중간고사 국어 4:00- 수학학원 <수학>	중간고사 수학(상) <통합사회, 한국사>
04월 30일	05월 01일		
<통합과학>	중간고사 통합과학		

목요일	금요일	토요일
04월 06일	04월 07일	04월 08일
7:00-10:00 국어학원	5:00-8:00 수학학원	<통합사회, 한국사>
04월 13일	04월 14일	04월 15일
7:00-10:00 국어학원 <국어>	5:00-8:00 수학학원 <수학> 문제집 !! ↲	<국어, 영어, 한국사> ★기출 풀고 채점 후 오답분석 & 선지분석
04월 20일	04월 21일	04월 22일
7:00-10:00 국어학원 *영어수행평가 <국어>	5:00-8:00 수학학원 <수학>	<한국사, 영어> ← 1회독
04월 27일	04월 28일	04월 29일
중간고사 <영어> 통합사회 한국사	중간고사 <통합과학> 영어	<통합과학>

< 수능 60일, 59일 앞두고 쓴 일일 플래너 >

SEP 18 . 2022 SUNDAY **D-60**

미쳤다... D-60이라니... 벌써...?

월요일부터 서영이랑 *공시대결* 하기로 했어 ㅎㅎ 학교에서 하도 공부를 안해서...

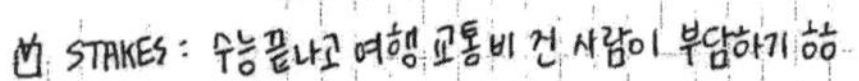

☑ STAKES : 수능끝나고 여행 교통비 진 사람이 부담하기 ㅎㅎ

☑ WHEN : ~수능 전

☑ RULES : 월화수금 ⇒ 순공시간 (고수학 등 포함)
목 토 ⇒ 학원제외 순공시간, 더해서 계산

☑ INDIVIDUAL GOALS :

- 6:30 기상, 7:00 등교
- 하루 순공시간 12H 도전하기
- 점심시간 활용하기
- 졸릴 때 서서 공부하기

ToDAy's SCheDuLE

교대역점 대신 교대법원점 찾아가버림 ㅠㅠ 그래도...ㅎ
3시까지 낮잠 자버림 헤헤

- STARBUCKS STRAWBERRY ACAI REFRESHER ✔ → 내일을 위해 냉장고에 ♡
- LUNCH ✔ ARTISÉE 돈까스, 오므라이스
- 국어 실전모의고사 1회 나머지 (고전소설, 시나리오) 분석 - 답지 Re:EBS 사용설명서 →
- 물II 완자 ㅡ - ① 문제풀이 ✔ 채점 ✔ 오답 ✔
- 물II 완자 ㅡ - ② 문제풀이 ✔ 채점 ✔ 오답 ✔
- 영어단어 TEST MEMORIZE ✱✔ → 이 새끼... 때문에 국어 못함 하...씨
- 국어 실전모의고사 2회 (비문학 현대시 고전시가 현대소설 고전소설 시나리오) →

✱ 11:30 SLEEP ✘ → 장렬히 전사, 1:00... 취침 ㅎ

7H 47M

SEP 19. 2022 MONDAY D-59

STUDY TO-DO LIST 수능편

♡ 내일은 학교에서 할거 더 챙겨오기! ㅎ

14H 11M

· 국어) 이감 DAY 1 문학 ✔ 비문학 ✔
언매 DAY 12 문채오 ✔
· 지학) DAYBREAK 풀기 ✔ 채점-오답 ✔ 분석 ✔

내신편.
· 확통) 킬캠 2회차 풀기 ✔
· 고수학) 미적분 실모 (한석원 모의고사 1회) ✔ 89 확통 ✔
· 국어) 실전모의고사 1회 고전소설 분석하기 ✔
시나리오 분석하기 ✔
실전모의고사 2회 독서 지문1 ✔ 지문2 ✔ 지문3 ✔
현대시·고전시가 △
현대소설 →
고전소설 →
시나리오 →
· 영어단어TEST 암기 (점심시간) ✔✔
· 고급생명과학 필기하기 ✔
· 고급화학 답지 요청하기 ✔

LUNCH 9!!
고구마 맛탕 츄러스 ♥
청포도 에이드 ♥
연어스테이크 ♥
부대찌개 ♥

0 30 60
6 7 8 9 10 11 12 1 2 3 (9!!) 4 5 6 7 8 9 10 11 12 1

아닌 밤중에 갑자기 너무 불안하고 떨린다. 지금 내가 하는 내신 공부가 맞는 방법인지부터가 헷갈린다. 이게 맞나? 싶은 생각이 드는 순간 식은땀이 났다. 솔직히 내가 하는 게 뭐가 있다고... 이러다 공황이 올 것 같다. 심장이 두근댄다. 모두가 힘든 시기임을 알면서도... 나약해지고 만다.

던 것입니다. 마감 기한 등을 눈에 잘 들어오는 색 펜으로 적어두고, 언제 활동을 시작하고 마무리할지는 샤프로 적어두었습니다.

내신 기간에는 한 달을 기준으로 큰 계획을 세운 후, 매일 플래너를 작성하면서 달성률을 점검했습니다. 시험 기간이 시작되기 약 4~5주 전에는 시험 날짜까지 포함하여 A4 용지 한 장에 출력될 수 있도록 엑셀 파일을 만들었습니다.

시험 시간표가 나오기 전에는 시험 기간을 1~5일 차로 라벨링하고, 번호를 활용해서 계획을 '거꾸로' 세웠습니다. 시험 기간 시작 전날은 1일차 과목, 그 전날은 2일차 과목, 그 전날은 3일차 과목, 이런 식으로 약 일주일 안에 2회독을 할 수 있도록 미리 일정을 정해둔 것이었습니다. 일주일 정도는 시험 시간표를 거꾸로 시행하고, 그 전에는 추가적인 시간이 필요한 과목 위주로 계획을 짰습니다. 주로 시험 2주 전까지는 문제집을 최대한 풀어놓고, 그때부터는 교과서와 프린트물을 끊임없이 보려고 했습니다.

< 고1 1학기 시험 기간 일일 플래너 >

YEAR / MONTH / DAY
2020/04/18 TUESDAY

D-DAY
D-6

COMMENT
노력한다고 항상 성공할 순 없지만,
성공한 사람은 모두 노력했다는 걸 알아둬. -푸

TOTAL TIME
6H 14M

※ 통합사회, 통합과학

TASKS

과목	할 일	완료
수학	[학원과제] 1단원 오답 풀고 채점	O
	2단원 오답 풀고 채점	X
	내신 100Q 풀기	△
영어	내신1과 Listening 암기	O
	내신1과 본문암기	O
	모의고사 Q1~17 암기	O
	모의고사 Q17~25 암기	△
통합사회	교과서 1단원 정독 + 프린트 정독	O
	교과서 2단원 정독 + 프린트 정독	O
통합과학	교과서 1단원 정독	O
	교과서 2단원 정독	O

학교에서 완료

TIMETABLE
6 7 8 9 10 11 12 1 2 3 4 5 6 7 8 9 10 11 12 1 2 3

MEMO

계획을 잘 세우면 실천은 쉽다

이렇게 큰 틀을 짠 후에는 매일 아침 또는 전날 밤에 플래너를 작성하였습니다. 맨 위 칸에는 날짜를 적고, 아래쪽에 과목별로 할 일을 정리하였습니다. 달성률을 체크할 때에는 동그라미(O), 세모(△), 가위표(X)로 표시하였습니다. 완전히 끝냈을 때에는 동그라미, 손도 대지 못했을 때는 가위표로 표시했으며, 절반 이상 했을 때에는 세모로 표시하였습니다.

저는 플래너를 쓰면서 동기 부여가 많이 되었습니다. 공부를 많이 해서 칸을 가득 채우는 것이 좋았고, 특히 공부를 많이 한 날은 공부한 시간을 작성하면서 뿌듯함을 느꼈습니다. 뿐만 아니라 제가 어느 정도의 시간 내에 얼마만큼의 양을 공부했는지에 대한 객관적인 자료를 얻을 수 있어, 앞으로의 공부 계획을 더 정확하게 세우는 데 도움이 되었습니다. 이렇게 계획을 세우면서 정신없는 하루 가운데 스스로를 성찰할 수 있었고, 컨디션과 공부 상황 등을 더 정확히 파악할 수 있었습니다.

< 수능을 9일 앞두고 쓴 일일 플래너 >

2	0	2	2	1	1	0	8	D- 9	D-
MON	TUE	WED	THU	FRI	SAT	SUN	OFF	대수능 ★	

SUBJECT	TASK
학교	고급생명-지II-독서-영어-자율-물II-학통
국어	이감간쓸개 06:10 DAY04 문채오
	언어와 매체 VI. 종합 문채오
	KEY07 DAY02 문채오
수학	JMT season2-5회 문채오
	SHORTCUT #9-16 문채오
생I	서바이벌 21회 문채오
	서바이벌 22회 문채오
	서바이벌 α 16회 문채오
	PROMOTER #282-284 문채오
지I	DAYBREAK 17회 문채오
	서바이벌 α 17회 문채오
	수능특강
	BRIDGE, ACCELERATOR 39회 오답노트.
영어	EBS 모의고사 제12회 문채오
한국사	수능특강 1회독.
MEMO	인강 ✓ 제11강

05 06 07 08 09 10 11 12 13 14 15 16 17 18 19 20 21 22 23 24 01 02 03 04

10 20 30 40 50

H M

계획을 잘 세우면 실천은 쉽다

< 수능을 8일 앞두고 쓴 일일 플래너 >

2	0	2	2	1	1	0	9	D- 8	D-
MON	TUE	WED (circled)	THU	FRI	SAT	SUN	OFF	대 수 능 !!!	

SUBJECT	TASK
시간표	미적 - 심리학 - 지Ⅱ - 스포츠 - 고.화 - 창체 - 창체
국어	이감 간쓸개 06:10 DAY05 문채오
	KEY03 DAY03 문채오
	언어와 매체 수능특강 실전학습 1회 문채오
영어	EBS 모의고사 제12회 문채오
수학	JMT season2 - 5회 문채오
	SHORTCUT #17-24 문채오
생Ⅰ	서바이벌 21회 문채오
	서바이벌 22회 문채오
지Ⅰ	DAYBREAK FINALE (제118회) 문채오
생Ⅰ	BRIDGE 37회 문채오
지Ⅰ	OZ Season2 - 1회 문채오
	수능특강 개념 암기 다시하기
	수능특강 문제풀기 Ⅰ Ⅱ Ⅲ Ⅳ Ⅴ Ⅵ
한국사	수능특강 다시읽기

10 20 30 40 50

05 06 07 08 09 10 11 12 13 14 15 16 17 18 19 20 21 22 23 24 01 02 03 04

MEMO

H M

02 일일 플래너 작성법

Seori's Note

플래너 작성에 정답은 없다.
내가 할 공부, 한 공부를 확인하는 차원에서 쓰는 것이고
공부의 방향을 잡는 데 도움을 주는 도구라고 생각하면 된다.

앞서 언급했듯, 저는 거의 매일 플래너를 작성했습니다. 무지 포스트잇에 할 일을 적어놓기도 했지만, 저는 주로 플래너에 저만의 형식으로 계획을 작성했습니다.

시중에 파는 플래너는 세 칸으로 나뉘어진 형태가 많습니다.

< 필요에 따라 주로 활용한 플래너들 >

date

time

comment

task

timetable

05
06
07
08
09

memo

D-
D-

MON TUE WED THU FRI SAT SUN OFF

SUBJECT TASK

10 20 30 40 50

05 06 07 08 09 10 11 12 13 14 15 16 17 18 19 20 21 22 23 24 01 02 03 04

MEMO

H M

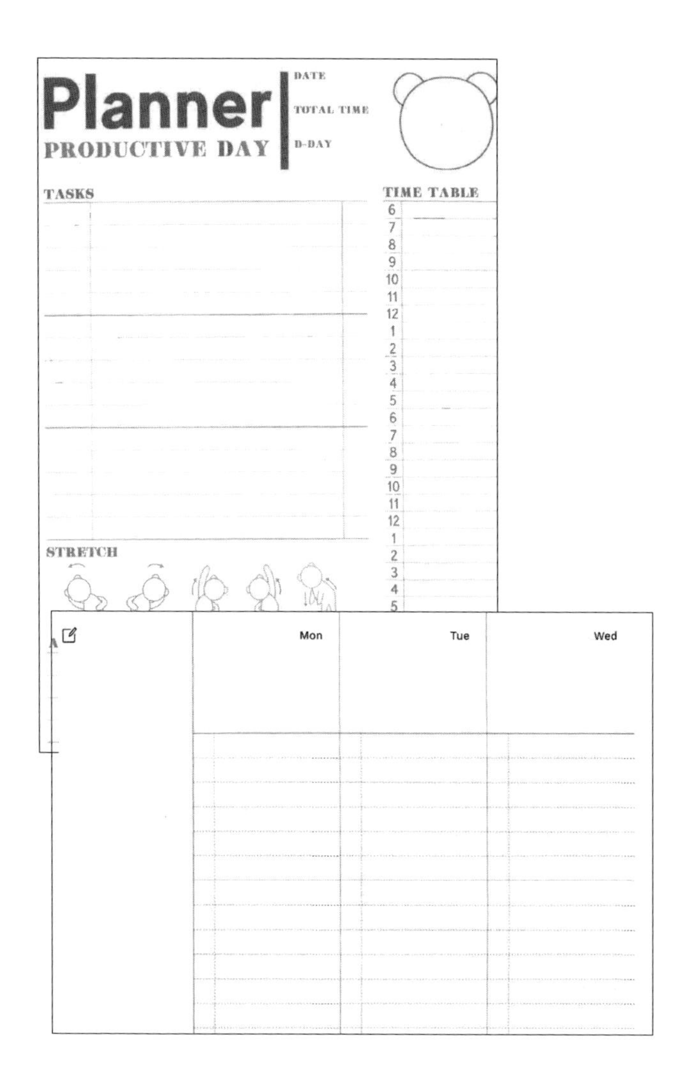
Planner
PRODUCTIVE DAY
DATE
TOTAL TIME
D-DAY
TASKS
TIME TABLE
6
7
8
9
10
11
12
1
2
3
4
5
6
7
8
9
10
11
12
1
2
3
4
5
STRETCH
Mon
Tue
Wed

< 고3 2학기(수능D-75) 일일 플래너 >

YEAR / MONTH / DAY
20220903 SAT

D-DAY
D-75

COMMENT
질문을 멈추는 순간, 지루해진다.
항상 호기심을 잊지 말기를.

TOTAL TIME
5H25M
(+학원 6H)

TASKS

국어	다니엘선 WEEK02 문제오	✔
	이감 DAY 04 비문학 #2 문제오	✔
	이감 DAY 05 비문학·문학 문제오	✔
	연마 05 DAY 01 시작 문제오	✔
수학	강기원 이싸 #1-22 문제오	✔
	강기원 이싸 #23-31 문제오	✔
	강기원 이싸 #32-52 문제오	
지I	박선 sum 300제 #171-207	✔
	박선 sum 300제 #208-256	
	박선 sum 300제 #257-300	
	크로녹스 6-02 백지	
	크로녹스 6-03 백지	
	크로녹스 6-04 백지	
생I	최수준T 수업 (1:30)	✔
MMI	수업 (9:30)	✔

MEMO

TIMETABLE
6 7 8 9 10 11 12 1 2 3 4 5 6 7 8 9 10 11 12 1 2 3 4

- 자소서

우선 날짜와 오늘의 다짐, 성찰 등을 적을 수 있도록 마련된 맨 위 칸에는 '시간 낭비를 줄이자!' '악으로 깡으로' '반복에 지치지 않는 자가 성취한다' 등 공부할 때 자극을 받을 수 있는 문구를 적어두었습니다.

또 대부분의 플래너 상단에는 총 공부 시간이나 디데이 등을 적을 수 있는 칸도 있습니다. 특히 총 공부한 시간을 눈에 보이도록 써두면 나중에 봤을 때 뿌듯함을 느낄 수 있습니다. 반대로 생각보다 적은 숫자가 적혀 있다면 공부를 좀 더 해야겠다는 자극을 받겠죠.

그 아래쪽에는 보통 구체적인 계획을 작성할 수 있는 공간이 마련되어 있습니다. 저는 제가 할 수 있는 것보다 목표를 더 많이 세웠던 만큼 이곳의 칸이 많은 것을 좋아했습니다. 이 칸의 왼쪽에는 큰 카테고리를 적을 수 있도록 되어 있고, 오른쪽에는 달성 정도를 체크할 수 있는 박스가 있습니다. 저는 카테고리에는 크게 '일정'과 '국어', '영어', '수학' 등과 같은 과목의 이름을 썼습니다.

그리고 플래너에 있는 타임 테이블은 유동적으로 사용했습니다. 필요하지 않은 날은 사용하지 않고, 필요한 날에는 더 많은 내용을 꼼꼼히 적었습니다.

03 계획을 잘 실행하는 요령

Seori's Note

나는 항상 최대치의 계획을 세웠다.
세워둔 계획을 전부 실행하지 못하더라도
크게 스트레스 받을 필요 없다.
애초에 예상치 못한 변수에 대비한 계획이었으니까.

계획은 과감하게!

저는 계획을 짤 때 항상 제가 할 수 있는 공부량을 초과하게 세우는 편이었습니다. 자신이 할 수 있는 정확한 양만큼 계획을 세워서 완벽하게 실행하면 좋겠지만 공부를 하다 보면 중간중간 변수가 생기기 마련입니다. 예를 들어 학생들에게는 공지되지 않았던 지진 대피 훈련이 실시되어서 자습 시간이 갑자기 사라질 수도 있고, 선생님이 갑자기 조퇴를 하셔서 자습 시간이 새로 생길 수도 있습니다. 또는 컨디션이 좋지 않아서 생각보다 집중을 하지 못할 수도 있고, 생각보다 집중이 너무 잘 돼서 계획했던 일을 예상보다 빠르게 끝낼 수도 있습니다.

이러한 변수들을 고려하여 완벽하게 계획을 짜는 것은 불가능합니다. 따라서 저는 이런 부족한 부분을 보완하기 위해 '계획을 과도하게 세우는 방법'을 택했습니다.

저는 개인적으로 계획을 세우는 것을 매우 좋아하는 편입니다. 그리고 그 계획들을 지키지 못한다 하더라도 스트레스를 크게 받지 않는 편이었습니다. 오히려 계획을 모두 실행하지 못한 것보다는 다음에 무엇을 해야 할지 몰라 시간을 버리게 되는 것에 더 스트레스를 받는 편이었습니다. 또 해야 하는 일들을 쭉 적어나가고 그것을 해결하는 과정에 성취감을 느끼는 편이라 할 일들이 길게 적혀 있을 때에도 크게 스트레스를 받지 않았습니다. 성향이 이렇다 보니 시간을 어떻게 덜 버릴 수 있을지에 대해 고민을 더 했고, 그 결과 계획을 아예 많이 세우게 되었습니다.

저는 주로 평소 제가 평균적으로 할 수 있는 공부량의 1.5~2배 정도 되는 양의 계획을 세웠고, 그 안에서 우선순위를 배정하였습니다. 당장 내일 수행 평가가 있다면, 그 부분에 대한 공부를 먼저 하도록 하고, 내일 가는 학원의 숙제를 그다음 순서로 넣는 식이었습니다. 마감 기한을 가장 기본적인 순위 배정 기준으로 세우되, 학원보다는 학교가, 선행보다는 내신이 항상 우선순위를 차지하도록 정리하는 것이었죠. 이렇게 해야 할 일에 순서를 정했다면, 까먹지 않도록 계획의 오른쪽 부분에 작게 숫자로 표시해 두는 등 제가 기억할 수 있도록 어딘가에 메모를 해두곤 했습니다.

최소한의 양은 정해두기

다만 이런 식으로 계획을 세우다 보면 스스로에게 관대해지는 경우가 생길 것 같았습니다. 그래서 저는 계획한 일들을 모두 해내지 못했을 때도 스스로에게 면죄부를 주는 것을 막기 위해서 반드시 끝내야 하는 최소한의 양은 정해두었습니다. 특히 학기 중에는 다양한 변수가 생길 수 있는 만큼, 최소한의 양을 제외한 나머지 계획은 유연하게 조정하려고 했습니다. 당장 내일 수행 평가를 위해 미리 공부해두어야 한다거나 앞으로의 일정을 보았을 때 이 부분을 오늘 공부하지 않는다면 다시 볼 기회가 없을 것 같다거나, 이 부분을 오늘 공부해야만 내일 선생님께 여쭤볼 수 있다거나 하는 상황도 모두 학기 중에 일어날 수 있는 변수입니다.

반대로 방학 때는 특수한 부분에 집중하기보다는 전체적인 '루틴'을 잘 지키려고 노력했습니다. 고등학교 3학년 여름 방학 때의 루틴을 예로 들자면, 아침에는 반드시 국어 지문을 읽고 문제를 풀고, 오후까지는 수학 문제를 풀고, 저녁에는 과학을 공부하는 데 시간을 쓰겠다고 계획을 세웠습니다. 그 계획을 실행하는 데 시간이 예상보다 오래 걸리더라도 끝까지 이를 해내려고 노력하였습니다. 예를 들면 계획을 세울 때는 밤 9시쯤 모든 일과가 끝날 것이라고 예상했지만, 생각보다 수학 문제가 풀리지 않아서 마치는 시간이 2시간 정도 늦춰지더라도 순서를 지켜서 끝까지 계획을 달성하는 방식이었습니다.

눈의 색깔을
바꿀 수는 없지만
눈빛은
바꿀 수 있다.

절대 후회하지 마라.

좋았다면

추억이고

나빴다면

경험이다.

04 실수노트로 단권화하기

Seori's Note

같은 실수를 반복하지 않기 위해
꾸준히 실수노트를 작성했다.
실수를 꼼꼼히 되짚는 습관을 통해 내가 발전하고 있음을
더 명확히 체감할 수 있었다.

실수노트란 무엇인가?

저는 중학교 1학년 초반까지는 항상 '오답노트'를 작성하였습니다. 틀린 문제를 다시 쓰고, 정확한 풀이와 답을 쓰는 과정을 반복하던 어느 날, 문득 이런 생각이 들었습

니다.

'꼼꼼히 읽지 않아서 틀린 문제가 아니라, 발상이 떠오르지 않아서 틀린 문제들까지 다시 쓰는 게 과연 의미가 있을까? 이렇게 문제를 쓰거나 프린트해서 오려 붙이는 시간이 오히려 아까운 것 아닐까?'

이 생각을 계기로, 시험을 준비하는 과정에서 '실수노트'와 '오답노트'를 각각 사용하기 시작하였습니다.

제가 틀린 문제들에는 다양한 유형이 있었습니다. 문제를 제대로 읽지 않아서 조건에 맞지 않는 답을 구한 경우, 문제에서 제시한 조건을 잊고 사용하지 않아서 중간에 막힌 경우, 계산 실수를 한 경우. 계산 실수를 한 경우도 여러 가지로 나뉘었습니다. 분수를 곱하는 데에서 틀린 경우, 통분을 하면서 틀린 경우, 인수 분해를 잘못 한 경우, 부호를 잘못 계산한 경우….

이러한 방식으로 제가 했었던 실수들을 쭉 나열하다 보

니 그 속에서 특유의 패턴들을 발견할 수 있었습니다. 또 어떤 유형의 실수를 딱 한 번만 하는 경우는 손에 꼽았고, 같은 유형의 실수를 적어도 2~3번은 반복한다는 사실도 깨달았습니다. 이러한 실수들을 유형별로 정리해놓은 것이 바로 '실수노트'였습니다.

실수노트는 어떻게 쓰나요?

저는 시험 기간일 때와 아닐 때, 그리고 과목별로 실수노트의 양식을 조금 다르게 했습니다.

우선 시험 일주일 전까지, 즉 시험 기간이 아닐 때 쓰던 실수노트에는 실수의 종류를 '유형화'하는 데 초점을 맞췄습니다. 예를 들어, 과학 문제집을 풀면서 그래프의 축을 잘 보지 않았다든지, 화학식을 잘못 암기했다든지, 두 물질의 공통점을 암기하지 않았다든지 등의 실수들을 그룹으로 모아 머릿속으로 유형화를 시키는 것이었습니다.

시험과 시험 사이에 쓰는 실수노트였던 만큼, 약 1~2달의 긴 시간 동안 사용해야 했기 때문에 가급적 문제집이나 교과서에 단권화를 시키는 방식으로 실수노트를 대체하기도 하였습니다. 중간중간 필기를 잃어버릴 걱정을 하지 않게 한곳에 정리하면 더 편할 것이라고 생각했기 때문입니다. 공책을 실수노트로 사용하는 경우에는 주로 중앙에 선이 있는 형식을 사용하였습니다.

시험 기간이 아닐 때 실수노트를 사용했던 대표적인 과목은 수학과 과학이었습니다. 저는 수학 문제집을 풀 때 따로 문제풀이 노트에 풀이와 답을 적고, 문제집에는 어떤 문제를 틀렸는지만 표시해 두었습니다. 문제풀이 노트 위쪽 여백에는 정확하게 어떤 부분에서 실수를 했는지, 이 실수가 어떠한 유형의 실수인지, 다음에는 무엇을 신경 써야 하는지 가볍게 메모하고 넘어갔습니다.

과학의 경우, 단순한 사실이나 이론을 암기하지 않아서 틀린 경우에는 교과서의 개념 부분에 형광펜이나 색깔 볼펜으로 다시 한번 체크를 해두었습니다. 그래프나 그림을 분석하는 유형은 포스트잇에 해당 그래프나 그림을 다시 그려보고, 어느 부분을 제대로 분석하지 못했는지 정리해서 추가로 교과서에 붙여놓았습니다.

다른 과목들도 문제집을 풀다가 틀린 부분이 있으면 간단하게나마 교과서에 메모를 해서 그때그때 단권화를 하는 습관을 들이려고 했습니다. 이후에 문제를 풀 때에는 실수노트를 한 번씩 다시 읽고 시작하였고, 그 결과 같은 실수를 반복하는 일을 많이 줄일 수 있었습니다.

7:29PM SEP 19, 2022

2023 학년도 한의원 모의고사 제1회 89 #22 #25 #28

#22 삼차함수 $f(x)=tx$ 의 서로 다른 실근의 개수가 $g(t)$ - 두 곳에서 불연속

→ ① ② ③

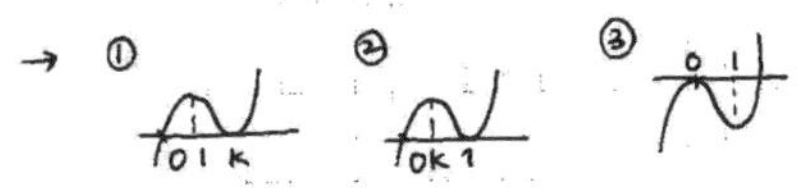

경우를 깔끔하게 나눈 채로 시작 안 하니까 계산하면서 말려들었음

#25 함수 $xf(x)$ 의 역함수가 $g(x)$

→ 문제를 제대로 안 보고 $f(x)$의 역함수를 $g(x)$라고 계산해버림 하...

#28 함수에서 경우의 수 나누면서 $k+1$, $k-1$ 둘 다 고려 못하고...

한 경우를 더 생각해버림.

<학통>

#27 ~와 평균 m의 차 ⇒ 절댓값인 거 고려하기!

#29 $P(X=k)=ak$ $(k=1,2,3,4,5)$

→ $a=15$가 아니라 $a=\frac{1}{15}$!!

#30 전체 개수 잘 써놓고 갯수 세는 걸 틀림 휴...

사실 공부양이 적어서 이런 생각이 드는 것 아닐까 생각한다. 내가 오늘 한 양이 시간에 비해 턱없이 부족한 느낌... 필기보다 암기를 먼저 해보자. 마음이 덜 불안할까?

원래, 가을 냄새가 나기 시작할 때가 가장 힘들다고, 누가 말해줬다. 그래도 대학에 가면 그 순간마저 꿈처럼 느껴진다고. 일단, 달려나가보자. 내가 최선을 다하지 않으면, 그 어느 것도 이루어지지 않을 거야.

나는 할 수 있다. 서울대학교 의예과 23학번 곽민정.

< 문학·비문학 모의고사 실수노트 >

SEP 17, 2022 SATURDAY

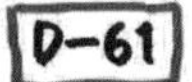

하... 인생...

흐음... 대학을 하도 가고 싶어서 2023년도라고 써버린 건가 ㅎㅎ...

#11:03 AM 김은양T 이감 모의고사 파이널 II 제3차 예비평가 88

· 독서론 #1 독서 #8 # 10, 13 매체 #45

· 독서론을 자꾸 틀린다... 심지어 1번...
글 읽으면서 내용을 흐름대로 완벽히 잡지 못해 너... 그렇게 자신감 넘치게 지문 안 보면
대차게 틀려 너... 네 마음대로 머릿속의 정보 종합하지 말라고 진짜!!
문단 나눠읽기 - (하지만, 반면 등)에 ∨ 치고 길게 줄로 문단나누기

· 신경윤리학 지문 #8
<보기>를 제대로 안 봐서 틀린 역사적인 문제랍니다 - ? ^^
"<보기> 내용으로 1단계 추론 → 지문 내용으로 추론" 했어야 하는데 <보기>를 버려버림
<보기> 주어졌을 때도 의미묶음, 인과관계 잡고 나서 선지로 들어가자
↳ 그래도... 결론을 스스로 생각해서 적어둔 건 좀 잘했어!
앞으로도 발문에 분명한 긍정표지 → 선생각 후판단 해보자!!

· 공포 조건화 작용기제 #10, 13
이과로서의 자존심 와장창이다 진짜...
일단 10번은 '대뇌 피질'을 왼쪽 단에서만 계속 찾다가 못 찾아서 그 선지 넘기고 나머지 가르고
③ 골랐는데... 오른쪽 단에 존재하셔서요^^
근데 그러고서 체크도 안 하고 넘어가서 애매한 문제였는지 기억도 못했어요 네...
헷갈리는 문제 체크 + 선지에서 못 찾겠는 내용은 △로 표시!! (막 X 치지 말기)
13번은 마지막 10초 동안 바꾸려고 하다가 종침 하...
거의 확실히 ①이 맞는 내용 같긴 했는데 기존 내 답안에 대한 미련 + ⑤가 꽤 '있어' 보이는 선지라
계속 고민했음...
있어 보인다고 고민하지 말기

· 매체... 사용하고 있는 "이유" ← 이 단어를 못 봐서 하... 다른 선지 엄청 고민했는데 틀림.
단어 하나하나 자세히 OX 살피기.

총평: 적어도 #1 #10 #45는 맞혔어야 함 (컷 86이니까 솔직히 94는 나왔어야 함)
⊕ 비문학: 모르면 묶어라
문학: 손가락 웬만하면 걸지 마라

시험 기간에는 조금 더 가볍고 간단하게 실수노트를 작성하였습니다. 오답노트가 아닌, 실수노트를 작성하는 것은 시간과 노력을 절약하는 용도이기 때문에 시험 직전에는 더욱 간편하게 만들려고 노력했습니다. 저는 A4 용지를 세로로 반을 접어 단을 나누고, 여기에 실수한 내용을 간단히 작성하였습니다.

시험이 1~2주 정도 남았을 때는 마지막으로 교과서의 개념을 다시 보고, 제가 지금까지 풀었던 문제집이나 기출문제에서 틀리거나 헷갈렸던 문제를 다시 보는 시간을 가졌습니다. 쭉 보다 보면 당연히 반복되는 실수가 눈에 들어왔고, 실수노트는 이러한 내용을 정리하는 데 큰 도움이 되었습니다.

시험 기간에 실수노트를 작성할 때에는 우선 틀렸던 문제들을 다시 보면서 검은색 볼펜으로 실수한 이유들을 왼쪽 단에 쭉 적어 내려갔습니다. 수학을 예로 들자면, '분수 곱할 때 실수', '양수 조건 안 봐서 틀림', '부호 반대로 해석해서 틀림' 등으로 이유들을 써두는 것이지요. 만약 같은 이유로 틀린 문제가 있다면, 형광펜으로 그 부분에 밑줄을 그어 강조하였습니다.

다음으로, 틀린 문제들과 교과서의 개념 부분을 보면서 제가 잘 기억하지 못하는 개념이나 공식을 복습하였고, 시험 직전까지 암기할 내용들을 왼쪽 단에 파란색 볼펜으로 필기하였습니다.

추가로 주의해야 하는 행동 요령들은 오른쪽 단에 붉은색 볼펜으로 작성하였습니다. 제 실수노트에 실제로 적어둔 문구들을 예시로 들자면, '문제를 풀 때 다음 문제에 대해서 생각하지 말고 지금 문제에 끝까지 집중하기,' '마지막 페이지까지 다 풀고 나서 문제 번호가 순서에 맞는지 쭉 체크하기,' '문제 읽으면서 중요한 조건에 동그라미 쳐놓고 마지막에 다 확인하기' 등의 내용들이 적혀 있습니다.

수학을 제외한 과목들도 시험 직전에 보고 들어가면 좋을 만한 내용들을 실수노트에 작성하였습니다. 또 마인드 컨트롤을 위해 '정신만 차리면 할 수 있다,' '실수만 하지 말자!'와 같이 간단한 응원 문구를 써놓기도 하였습니다.

저는 시험을 치기 직전에 A4 용지로 만든 실수노트를 보고 들어갔습니다. 실수노트를 보고 들어가면 문제를 풀면서 제가 어떤 실수를 조심해야 할지 순간순간 기억이 나기 때문입니다. 실제로 이런 방식으로 실수할 뻔했던 것을 바로잡기도 했었고, 필요했던 공식이 생각나기도 했습니다.

누구나 실수를 하기도 하고 중요한 내용을 잊어버리기도 하지만, 그러지 않기 위해서 노력을 하면 얼마든지 성적이 향상될 수 있다는 것을 실수노트를 통해 깨달았습니다.

사실 아이패드로도 실수노트를 만들 수 있었지만, 저는 그 방법을 선택하지 않았습니다. 아이패드로 작업을 하다 보면 미학적인 부분에 더 신경을 많이 쓰게 되고, 전자기기인 만큼 눈도 많이 피로해지며, 집중이 더 잘 흐트러져서 저는 손으로 글씨를 쓰는 편을 선택했습니다.

05 수업 듣는 시간 vs 순공 시간

Seori's Note

순공 시간을 체크하는 이유를 분명히 해야 한다.
나는 공부에 더 집중하고, 공부를 더 많이 하기 위해 체크하는 것이라는 목적을 되새기며 효율적으로 순공 시간을 기록하는 방법을 찾는 데 공을 들였다.

공스타그램에 올라오는 플래너 사진들을 보면 눈에 확 띄는 공통점이 있습니다. 바로 오른쪽 위에 큰 글씨로 '공부 시간'이 적혀 있다는 것입니다. 시간을 더 효율적으로 사용하기 위해서 '순공 시간'을 타이머로 재어 보라는 이야기를 다들 들어 보셨을 겁니다. 그렇다면 순공 시간이

란 무엇일까요? 그리고 타이머로 순공 시간을 재는 것이 정말 도움이 될까요?

사실 순공 시간은 사람마다 기준이 다를 수 있습니다. 평범한 하루를 기준으로 제가 순공 시간을 어떻게 쟀는지 설명하겠습니다.

스스로 온전히 학습한 시간=순공 시간

아침 자습 - 수업 - 점심시간 - 수업 - 학원 - 자습

위의 간소화된 하루 일정 중에서 무언가를 '듣는' 시간을 제외하고, 제가 무언가를 능동적으로 '하는' 시간만 순공 시간에 포함했습니다. 학교 선생님의 수업을 듣는 시간, 그리고 학원 선생님의 설명을 듣는 시간은 순공 시간으로 포함하지 않는 반면, 스스로 문제를 풀거나 개념을 암기하는 시간은 순공 시간에 포함하는 방식이었습니다.

예를 들어 학교에서 50분의 수업 시간 중 40분 동안 선생님의 수업을 듣고, 10분의 자습 시간 동안 스스로 한국

사 연표를 암기했다면, 총 10분의 순공 시간이 측정되는 것입니다. 또 개인 교습형 수학 학원에서 보내는 3시간은 선생님의 설명이 따로 없고, 스스로 문제를 풀고, 채점하기 때문에, 그 3시간은 순공 시간으로 측정했습니다.

하지만 저는 '온전히 집중하지 못한 시간'은 순공 시간으로 측정하지 않았습니다. 학교에서 선생님이 앞에서 수업을 하시는 중에 스스로 암기한 시간, 인터넷 강의와 같은 영상 강의를 시청한 시간, 이동하면서 MP3로 영어 지문을 듣는 시간, 짬짬이 프린트물을 보는 시간, 밥을 먹으면서 공부한 시간 등은 순공 시간으로 측정하지 않았던 것입니다.

제가 이렇게 한 데에는 크게 두 가지 이유가 있었습니다. 우선, 자투리 시간을 활용하는 것은 당연히 공부에 도움이 되지만, '온전한 공부'를 했다고 하기에는 무리인 부분이 있었습니다. 흐름이 곧 끊어질 것을 알고 공부를 하는 시간은 제가 느끼기에는 '공부'를 하는 것 같지 않았기 때문입니다. 순공 시간은 말 그대로 '순수한 공부 시간'을 재는 것인 만큼, 집중력이 낮은 상태에서 공부한 시간까지 포함하는 것은 맞지 않다고 생각하였습니다.

순공 시간 측정법

두 번째로, 온전히 집중하지 못한 시간까지 타이머로 재면서 순공 시간을 늘리는 것은 오히려 스트레스 요인이 될 거라고 생각하였습니다. 제가 처음 플래너를 작성하기 시작했을 때는 순공 시간을 매우 엄격하게 측정하려고 노력했습니다. 제가 공부한 자투리 시간을 측정하지 않으면 억울한 기분이 들었고, 타이머에 찍히는 시간 자체를 늘리기 위해서 집중력이 떨어져도 억지로 앉아 있게 되었습니다. 하지만 순공 시간을 측정하는 것은 공부를 더 집중해서, 더 많이 하기 위한 것이기에 이러한 문제는 반드시 해결해야 했습니다.

처음에는 이 문제를 해결하기 위해서 타이머를 아예 사용하지 않았습니다. 하지만 이렇게 되니 제가 하루에 몇 시간을 공부하고 있는지, 또 시간을 효율적으로 사용하고 있는지 등을 점검할 방법이 없었습니다.

그래서 두 번째로 과목별로 공부 시간을 재는 방법을 시도했습니다. 하지만 이 방법을 적용했을 때에는 다양한 과목을 섞어서 공부할 수 없다는 문제점을 발견할 수 있었습니다.

마지막으로 제가 시도했던 방법은, 자투리 시간을 제외하고 온전히 집중했던 시간만 타이머로 측정하는 것이었습니다. 이렇게 했을 때 시간을 측정하기도 편하고 완전하게 집중한 시간을 측정할 수 있어서 이 방법을 계속 쓰게 되었습니다.

공부 시간을 잴 때 가장 주의해야 할 점은, 타이머에 찍히는 시간을 늘리는 것이 목적이 되어서는 안 된다는 것입니다. 공부를 더 효율적으로 하고, 성취감을 느끼고, 스스로 성찰할 수 있는 도구로 순공 시간을 체크해야 한다는 점을 기억해야 합니다.

06 예외 없는 암기 요령

Seori's Note

모든 내신 과목은 암기 과목이다.
치열하게 암기하는 시간이 있어야
좋은 결과를 얻어낼 수 있다.

중학교, 고등학교 내신 공부의 특성상 암기량이 많을 수밖에 없습니다. 눈으로만 보고도 외울 수 있다면 좋겠지만, 저는 그렇지 않아서 귀로 듣고, 입으로 말하고, 손으로 쓰면서 암기를 했습니다. 처음에 시험 범위의 지문을 강도 높게 암기해 두고, 이후에 여러 번 읽으면서 맥락을 파악하며 자연스럽게 암기하는 패턴으로 공부했습니다.

국어

저는 국어는 기본적으로 배경지식이 많을수록 암기가 쉬워지는 과목이라고 생각합니다. 작품을 읽어 본 경험이 많을수록, 아는 단어가 많을수록, 각 작품의 표현상의 특징을 많이 알수록 국어 시험 범위를 암기하기 쉬워지기 때문입니다.

중학교 국어의 경우, 작품 자체와 교과서에 제시되어 있는 학습 목표와 문제 위주로 암기했습니다. 수업을 듣기 전, 자습서나 평가문제집을 활용하여 교과서의 질문에 초록색과 같이 특이한 색의 펜으로 미리 답을 채워놓았습니다. 이후에 선생님이 설명해 주시는 내용을 듣고 파란색 또는 검은색 펜으로 고치거나 내용을 추가했습니다. 이렇게 1차로 단권화를 끝내 놓으면 전체적인 작품의 맥락과 중요한 특징을 파악할 수 있습니다.

2차로 단권화를 진행할 때에는 우선 자습서와 평가문제집 등에 수록된 문제들을 풀고 오답을 확인하는 과정을 거쳐야 합니다. 이후 틀린 문제의 오답 선지와 정답 선지를 모두 교과서에서 찾아보고, 필요한 부분들은 메모하면서 2차로 단권화를 진행하였습니다. 이 과정에서는 교과서에 실린 작품에서 모르는 단어가 있다면 그 단어들의 의미와 활용 등을 가볍게 정리해 놓는 단계도 거쳤습니다.

2차 단권화를 진행한 이후에는 교과서에 밑줄을 그으면서 여러 번 읽고 추가로 문제들을 풀면서 2차 단권화 때 진행했던 작업과 유사하게 오답을 정리하는 과정을 반복하였습니다. 이렇게 n회독을 하면서 자연스럽게 작품의 맥락을 체화하고, 어느 부분에서 역설이 쓰였는지, 어떤 부분에서 수미상관을 이루는지와 같은 표현상의 특징, 그리고 작품 자체도 자연스럽게 암기할 수 있었습니다.

제 경우, 중학교 때까지는 암기한 내용으로 내용 일치 문제나 표현상의 특징을 묻는 문제 등을 충분히 풀어낼 수 있었습니다. 수업 시간에 선생님이 강조하시는 부분을 주의해서 듣고, 시험 범위의 내용을 충분히 암기하는 것만으로도 높은 점수를 얻을 수 있었습니다.

고등학교 때의 국어 공부 또한 이와 유사했습니다만, 교과서 외부의 지문이 연계 지문으로 시험에 출제될 수 있기 때문에 그러한 부분을 추가적으로 대비해야 했습니다. 이러한 외부 지문에 대비하기 위해서 저는 수업 시간에 더욱 집중했습니다. 선생님이 수업 시간에 언급하시는 작품은 일단 메모를 해두고, 그 작품을 왜 언급하셨는지까지 깔끔하게 정리해 두었습니다. 이후 선생님이 언급하신 외부 지문들까지 포함해서 1차, 2차 단권화 작업을 진행했습니다.

이렇게 단권화를 마무리하고 n회독을 할 때, 작품 간의 관계성을 파악하면서 내용을 읽으려고 했습니다. 제시된 작품들의 주제가 어떠한 공통점을 가지고 있는지, 여기에서 사용된 표현상의 특징이 뒤에 나오는 작품에서도 사용되었는지 등 작품 간의 관계성을 파악하면서 읽는 것입니다. 그러면 2~3개의 작품이 함께 출제되는 문제들을 침착하게 풀 수 있었습니다.

고등학교의 시험은 내용 파악뿐만 아니라 세세한 정보까지 모두 물어보는 광범위한 문제들이 출제됩니다. 아예 처음 보는 지문이 있을 때도 있었고, 예상치 못한 서술형 문제가 나오기도 하죠. 그렇기 때문에 기본적인 내용들을 암기해 두어야만 그것을 활용해서 문제를 풀 수 있습니다.

영어

저는 중학교, 고등학교 내내 영어 내신 시험을 치면서 굉장히 다양한 방법으로 본문을 암기했습니다. 내신 영어 시험은 '무조건' 암기가 선행되어야 문제를 풀 수 있다고 생각했기 때문입니다. 개인적으로 본문 내용이 암기가 되어 있을 때 문법적으로나 어법적으로 응용하기가 수월했던 것 같습니다. 그래서 문제를 푸는 것보다 암기를 훨씬 더 중요시 했습니다.

저는 본문을 암기할 때 읽기, 말하기, 쓰기, 그리고 듣기를 모두 활용했습니다. 우선 학교 선생님의 수업을 들으면서 본문의 내용을 쭉 한번 훑어보았습니다. 선생님이 분석해주시는 대로 지문을 끊어 읽고, 전체적인 내용과 구조를 파악하며 구조도를 그려보기도 하였습니다.

그 이후, 시험 직전에 다시 지문을 읽어볼 때에는 제가 편하게 읽을 수 있는 단위로 지문을 끊어서 읽었습니다. 주로 접속사를 표시하여 지문의 구조를 도식화하는 방식으로 글을 읽었고, 집중력을 유지하기 위해서 지문을 중얼거리듯이 읽으며 공부를 했습니다. 제가 다닌 학교에서는 문법 문제보다 내용 이해 문제 중심으로 출제되었기 때문에, 저도 문법적인 부분보다는 지문의 전체적인 맥락을 파악하는 데 중심을 두고 암기를 시작하였습니다.

지문을 1~2번 읽은 후에는 본격적으로 암기를 시작하였습니다. 처음에는 입으로 말을 하면서 암기했습니다. 본문의 해석본을 제 방식대로 끊어놓은 것을 보면서 입으로는 영어 본문을 내뱉고, 눈으로는 원본의 문장과 비교하며 틀린 부분에 밑줄을 그었습니다. 이렇게 말로 지문을 반복해서 암기하다 보면, 내신 기간에는 너무 많이 중얼거려서 입이 마르는 것은 당연했고, 가끔은 너무 크게, 너무 오랫동안 말을 해서 목소리가 상하기도 했습니다. 말을 하다 보면 산소가 부족해져서 머리가 아프기도 했습니다. 그래도, 저는 이렇게 목이 쉴 때마다 나름의 자부심을 느낄 수 있었습니다. 그만큼 암기를 하려고 많은 노력을 했다는 증거 같았기 때문입니다.

그다음으로는 손으로 쓰는, 일명 '노가다'를 시작했습니다. 손으로 쓰면서 암기를 할 때에는 족보닷컴이나 이그잼포유(Exam4you) 등의 사이트에서 유료로 다운로드한, 본문에 빈칸이 뚫린 학습지를 활용하였습니다. 이 학습지는 단계별로 있었는데, 첫 단계에는 가장 중요한 키워드들에만 빈칸이 뚫려 있었습니다. 그다음 단계에서는 단어를 주고 그것을 순서대로 배치하는 문제가 있었습니다. 그다음에는 특정 구절들이 빈칸으로 되어 있었고, 그다음에는 영어가 아예 없는 상태에서 한글 해석과 단어의 개수에 맞춘 빈칸만 있었습니다.

이 단계들을 거치고 나면 웬만한 문제는 정복할 수 있을 것 같은 자신감이 생겼습니다. 그 상태에서 저는 문제를 최대한 많이, 그리고 최대한 빨리 풀었습니다. 실제로 숙련도가 높아졌는지 보통 자습 시간 50분 동안 내신 유형의 문제를 100문제 가량 풀 수 있었습니다. 그중에서 오답은 거의 1~2개였고, 보통은 없었습니다. 이렇게 문제를 풀면서 지문을 단순히 외우기만 한 것이 아니라, 문제를 봤을 때 어떠한 부분에서 지문이 변형되었는지, 이 문제가 출제된 이유 등도 함께 생각하려고 노력했습니다.

기본적인 영어 실력이 뒷받침되었기에 이러한 방식을 시도할 수 있었던 것이지만, 이렇게 지문을 통으로 암기한 이후 문제를 풀었던 것이 실제 시험을 볼 때 시간을 굉장히 많이 단축시켜 주었고, 정확도 또한 높여주었습니다.

자투리 시간을 활용하여 지문을 암기하기도 하였습니다. 언어인 데다 지문의 맥락을 암기해야 하는 만큼 지문 자체에 스스로를 많이 노출시켜야 한다고 생각하였습니다. 이를 위해서 '듣기'를 활용하였습니다. EBS에서 출판된 부교재의 경우, EBS 사이트에서 공식 MP3 음원을 다운로드할 수 있었습니다. 저는 시험 2주 전에 이 음원들을 휴대폰에 다운로드해서 등하굣길이나 학원에 다닐 때, 아니면 집중해서 공부하기에는 시간이 애매한 자투리 시간에 반복해서 들었습니다. 학교에서 공부가 잘 되지 않고 피곤할 때에도 음원을 들으면서 엎드려 있었습니다.

이렇게 듣기를 계속하다 보면, 전체적인 지문의 맥락이 파악되는 것은 물론이고, 내신 시험의 듣기 문항까지 자연스럽게 연습할 수 있었습니다. 시험이 끝날 때마다 휴대폰에서 모든 MP3 파일을 지울 때의 쾌감 또한 나름의 재미였습니다.

사실 국어와 영어를 제외한 다른 과목들은 암기보다는 이해를 요하는 과목이 더 많았던 것 같습니다. 그래서 나머지 과목들은 중요한 개념들을 n회독하고, 문제를 풀면서 개념을 정립해 나가는 방식으로 공부했습니다.

간혹 국어와 영어가 사회나 역사 과목과는 달리 암기과목이 아니라고 생각하는 친구들이 있어서, 국어와 영어도 암기가 기본이 되어야 한다는 사실을 말해주고 싶습니다.

된다고 믿어라.
그러면
반은
성공한 것이다.

마음을 다하되
기대는 하지 말 것,
최선을 다하되
자신을 버리지 말 것.

07 수시 면접 후기

Seori's Note

생애 첫 면접이 될 수시 면접을 준비하면서 읽었던
텍스트에서 지문이 발췌되어 신기했다.
준비를 철저히 한 만큼 면접이 수월해질 확률은 높아진다.

저는 의대 입시를 준비했던 만큼, 여름 방학 때부터 MMI(Multiple Mini Interview, 지원자의 윤리 의식과 공감 능력 등을 평가하기 위한 면접)를 조금씩 공부했습니다. 학원에서 MMI와 관련된 수업을 들으면서 지문의 형식과 문제에 점차 익숙해졌습니다. 제가 희망했던 학교들의 면접 유형은 다 조금씩 달랐고, 그중에서도 서울대와 성균관대, 가톨릭대의 면접이 가장 정통적인 MMI에 가까웠던 것 같습니다. 서울대, 성균관대, 가톨릭대 면접 질문이 다양한 상황이 주어졌을 때 내가 어떤 행동을 할지를 물었던 반면, 연세대와 고려대의 면접은 다른 이과 지원자들과 같이 보는 형식이여서인지 과학적 지식과 논리성을 요구하는 질문들이 많았습니다.

성균관대학교 면접

가장 먼저 봤던 성균관대학교의 면접은 수능 전에 면접이 있었습니다. 수능 공부와 면접 준비를 병행하려니 스스로 보기에도 부족해 보이는 부분들이 많았지만, 양쪽 다 최선을 다하려고 노력했습니다. 면접을 볼 수 있는 기회가 주어졌다는 데 감사하며 '꼭 수시로 가자'라는 생각을 반복하며 준비했습니다. 실전처럼 면접을 연습하기 위해 학원에서도, 학교 선생님들과도 면접 연습을 했습니다.

마침내 면접 당일, 흰 셔츠에 회색 니트, 검은 바지의 단

정한 차림으로 수원까지 차를 타고 면접을 보러 갔습니다.

면접 순서는 랜덤으로 정했고, 면접은 3개의 방을 이동하면서 진행되었습니다. 처음에는 머리가 하얘질 정도로 긴장이 되었지만 대기실에서 면접 학원에서 봤던 친구와 마주쳐 오히려 연습을 하는 것 같아 긴장이 많이 풀렸습니다. 면접 순서가 뒤쪽이었던지라 대기할 때 졸음이 밀려오기도 했습니다. 수원에 가기 위해 일찍 일어나기도 했고, 불편한 옷을 입고 있어 더욱 피곤했던 것 같습니다. 잠시 쪽잠을 자고 일어나니 컨디션이 좋아져서 결과적으로는 도움이 되었습니다.

정신이 말짱해졌지만, 2차 대기실에 들어가자 긴장이 되었는지 정신없이 주어진 지문을 읽고, 생각도 완전히 정리하지 못한 상태로 조금은 급하게 첫 번째 방으로 들어갔습니다.

갈등 상황에 처한 인물들에 대한 공감이라는 어느 정도 익숙한 문제가 나왔지만, 생각할 시간이 부족해서 조금은 당황스러움을 느꼈습니다. 그래도 방에 들어갔을 때 면접

관님들께서 긴장을 풀어주시기 위해 인사를 해주셨고, 이에 저는 긴장을 풀고 '다른 면접을 위한 연습 면접이라고 생각하자'라고 스스로를 다독였습니다. 그렇게 정신없이 3개의 방을 모두 돌고 나왔습니다. 집중을 해서 그런지 순식간에 면접이 끝난 것 같았습니다. 방을 나와 얼마 후, 긴장이 풀렸는지 머리가 아프고 목이 말랐습니다.

서울대학교 면접

서울대학교 면접의 경우, 성균관대학교 면접보다 훨씬 본격적이었습니다. 다행히 오후 조에 배정되어서 잠을 충분히 잔 상태로 면접에 들어갈 수 있었습니다. 하지만 면접 순서는 마지막 조였고, 대기하는 시간 동안은 정말 아무것도 볼 수 없었기 때문에 저는 이 2~3시간 동안 체력을 보충하기 위해 책상에 엎드려서 휴식을 취했습니다.

처음으로 들어간 방에서는 생활 기록부와 자기소개서에 관한 질문들을 받았습니다. 제가 생각했던 것보다 면접관분들이 굉장히 친절하셨고, 가벼운 질문들을 해주셔서 긴장이 많이 풀린 채로 면접을 볼 수 있었습니다. 쓰여 있는 활동들이 제가 실제로 한 것인지를 확인하는 듯한 형식의 단순한 질문들이었고, 주관을 묻는 질문들은 그렇게 많이 나오지 않아서 편안한 마음으로 임할 수 있었습니다.

다음으로 대기하면서 제시문을 읽었습니다. 이때 저는 스스로 굉장히 운이 좋다고 여겼습니다. 이때 본 지문은 바로 제가 세부 특기 사항 발표를 준비하면서 읽었던, 《보이지 않는 고통》이라는 책에서 발췌된 지문이었습니다. 열심히 분석하면서 읽었던 책이어서 지문을 파악하는 데 시간이 굉장히 적게 걸려 생각할 시간을 더 많이 가질 수 있었습니다. 덕분에 심리적으로도 안정된 상태에서 답할 수 있었습니다.

그다음으로 대기하면서 제시문을 읽을 때 또 한 번 놀랐습니다. 이전에 면접을 준비하면서 연습용으로 다뤘던 '교통약자석'에 관련된 내용이 면접 지문으로 출제되었기 때문입니다. 그 이후의 제시문에서도 익숙한 시인 〈풀벌

레들의 작은 귀를 생각함〉이 출제되었고, 이렇게 되자 마지막 지문을 읽을 때에는 훨씬 편안한 마음으로 글을 읽을 수 있었고 면접 또한 무사히 마칠 수 있었습니다.

Seori's
Q&A

책상에 오래 앉아 공부할 수 있는 방법이 있을까요?

집중력은 단계별로 높이는 게 좋다고 생각합니다. 어릴 때부터 꾸준히 앉아 있는 습관을 기르는 게 가장 좋긴 하지만, 중학생, 고등학생 때도 집중력을 기를 수 있습니다.

저는 수업시간과 시험 시간을 기준으로 앉아 있는 시간을 늘리는 것이 좋다고 생각합니다. 중학생 때에는 수업시간과 시험 시간이 45분이기 때문에 스스로 공부할 때에도 45분 공부, 10분 휴식의 패턴을 지켜주면 좋습니다. 45분이 어렵다면, 30분이라도 온전히 집중하고 5분을 쉬는 방식으로 연습하기를 추천합니다. 이후 시간을 점점 늘려서 45분, 고등학생이 되면 적어도 50분으로 늘려야 합니다. 수능을 준비할 때가 되면 80분, 100분까지도 버텨야 하는 만큼, 집중력은 최대한 빨리 기르는 것이 좋습니다.

집중력에 도움이 되는 다른 요인은 스마트폰 사용을 제한하는 것입니다. 숏츠나 릴스와 같은 짧은 영상을 계속해서 보는 것은 집중력을떨어뜨리는 요인이 됩니다. 개인적으로는 애초에 공부할 때 스마트폰 등은 옆에 두지 않는 것이 좋다고 생각합니다.

집중력을 기르는 것은 각자의 의지에 달려 있다는 사실을 기억하면 좋겠습니다.

Seori's Q&A

고등학교 때 선택과목은 무엇이었나요?

저는 고등학교 때 '과학중점반'에 소속되어 있었습니다. 과학중점반의 커리큘럼은 학교마다 다를 수 있지만, 기본적으로 더 많은 수학 및 과학 과목을 듣는다는 것이 가장 큰 특징입니다.

1학년 때에는 일반 학급과 마찬가지로 통합과학과 수학을 배웠습니다. 다만, 과학탐구실험이라는 과목을 통해 교과서에 나와 있는 실험을 직접 해볼 기회가 있었고, 과학교양이라는 과목도 있어 스스로 과학적인 연구도 해볼 수 있었습니다.

2학년 1학기에는 수학1과 기하, 물리학1, 화학1, 생명과학1을 모두 수강하였습니다. 이때 저희 학교에서는 1년 동안 배워야 할 수과학 과목(기하 제외, 기하는 1년 교육 과정으로 운영)을 1학기 안에 모두 끝내는 집중 이수 제도가 운영되었습니다.
2학년 2학기에는 수학2와 기하, 지구과학1, 화학2, 생명과학2를 수강하였습니다. 이 중에서 수학2와 지구과학1만 상대 평가로 운영되었고, 나머지 과목들은 모두 절대 평가로 운영되는 과목들이었습니다.

3학년 1학기에는 미적분, 확률과 통계, 물리학2, 지구과학2, 고급화학, 그리고 고급 생명과학을 수강하였습니다. 이 중에서 미적분, 확률과 통계 두 개의 과목만 상대 평가로 운영되었습니다.

제가 3년 동안 수강했던 수학, 과학 과목들을 살펴보면, 수학은 총 6과목, 과학은 총 11과목(성적이 나오는 과목만 포함) 수강하였다는 사실을 알 수 있습니다. 이렇게 일반적인 고등학교에 비해 훨씬 많은 수학, 과학 과목을 들었다는 점은 수시에서 이점으로 작용했다고 생각합니다. 제시문 면접을 볼 때에도 출제 범위를 이미 내신에서 배웠기 때문에 훨씬 수월하였습니다.

PLAN 3

고등학교 생활의 모든 것이 입시다

01 선생님을 대하는 법

Seori's Note

수업 내용에 대해 질문하는 습관을 가지면
궁금증을 해결할 수 있을뿐 아니라
다음 수업 내용을 더 잘 이해하게 되어
수업 집중도가 확실히 높아진다.

인사하라

저는 학교 생활을 하면서 좋은 선생님들을 많이 만나는 행운을 누렸습니다. 선생님들 덕분에 학교에서도 더욱 즐겁게 생활할 수 있었고, 선생님들의 도움으로 제가 원하는 대학교에도 합격할 수 있었습니다.

중학교, 고등학교 내내 저는 거의 모든 과목의 선생님들과 친밀한 관계를 유지했습니다. 저에게 교무실은 늘 편안한 마음으로 갈 수 있는 곳이었고, 선생님들께서는 제 이야기를 잘 들어주시고 필요한 조언을 해주시는 현명한 어른이 되어 주셨습니다. 놀러 가듯 교무실에 들러 선생님들과 수다를 떨고 오는 저를 보면서 친구들은 신기하다는 반응을 보이곤 했습니다.

제가 선생님들과 가까워진 방법은 '인사'와 '질문' 두 가지였습니다.

먼저, 저는 학교에서 돌아다닐 때, 아예 모르는 어른을 만나더라도 눈을 마주치고 인사하는 습관을 들였습니다. 제가 이 습관을 더 꾸준히, 의식적으로 실천하게 된 것은 고등학교 1학년 때 과학 선생님께서 수업 시간에 해주신 말씀 때문이었습니다.

"학교에서 마주치는 어른은, 직접적으로 모르는 학생이

더라도 인사를 한다면 무척 예의 바르고 공손한 학생이라고 생각하고, 반갑게 인사를 받아주실 거야. 선생님도 어떤 학생이 고개를 숙여서 인사하면 그 친구가 괜히 더 눈에 들어오고, 그 친구의 얼굴과 이름을 더 잘 기억하게 되더라고."

저는 이 이야기를 듣고, 모르는 분이더라도 학교 내에서 마주친 어른들에게 인사를 하기 시작했습니다. 학교 내에서 마주친 어른이 선생님이시든 학교 시설물을 관리해주시는 분이든, 외부에서 오신 손님이든 인사를 받아서 기분이 나쁘실 분은 없을 것 같았습니다.

실제로 제가 이렇게 인사를 잘하고 다니자 저를 담당하지 않으시는 선생님들께서도 제 얼굴을 알아보시고 나중에는 교무실에서 인사를 건네주기도 하셨습니다. 저를 담당해주시는 선생님들께서도 제가 인사를 잘한 덕분에 제 얼굴을 더 빨리 외웠다고 말씀해주셨습니다.

질문하라

다음으로, 저는 선생님들께 끊임없이 '질문'을 하였습니다. 질문은 크게 수업 중 질문과 수업 후 질문 두 가지로 나눌 수 있습니다.

수업 시간에 선생님의 설명을 경청하면서 빠르게 내용을 필기하고, 그것을 이해하려고 애쓰다 보면, 의문이 생기는 지점들이 있었습니다. 사실 그냥 넘어갈 수도 있는 부분들이었지만, 제 성격상 완전히 이해하지 않고 넘어갈 수가 없었습니다. 그냥 넘어가는 게 불안했기 때문입니다. 그래서 저는 수업 중간에 궁금한 것이 생겼을 때에는 선생님의 설명 중간에 살짝 쉬어가는 시간을 틈타 손을 들고 질문을 하였습니다. 다만, 제 질문에 의해 수업의 흐름이 끊길 것 같거나 선생님이 급하게 진도를 나가고 계실 때에는 최대한 질문을 자제했습니다.

만약 수업 시간에 생긴 의문을 모두 해결하지 못했을 때에는 수업 이후에 질문을 하였습니다. 수업이 조금 일찍 끝나거나 쉬는 시간이 되면 바로 선생님께 다가가 질문했습니다. 충분한 대답을 듣지 못했는데 선생님이 교무실로 돌아가셔야 하는 시간이 되면, 교무실까지 따라가면서 설명을 듣기도 하였습니다. 그래도 해결되지 않으면, 점심시간이나 다음 쉬는 시간에도 선생님께 찾아갔습니다. 이렇게 교무실을 들락날락하면서 교무실에 계신 다른 선생님들과 안면을 트기도 했고, 이야기를 나누기도 하였습니다.

제가 이렇게 질문을 열심히 한 이유는 수업 내용을 더 잘 이해하기 위함이기도 했지만, 동시에 수업에 더 잘 집중하기 위함이기도 했습니다. 저는 매 수업 이후 아무리 사소하더라도 적어도 한 개의 질문은 꼭 하기로 했습니다. 이러한 목표를 가지고 수업을 들으니 선생님이 수업 시간에 이야기하시는 내용을 더 자세히, 그리고 다방면으로 생각해보게 되었습니다. 이 과정에서 생긴 다양한 의문들을 해결하면서 수업 내용에 대해서 더 깊이 이해할 수 있었습니다.

또 질문에 대한 답을 듣는 과정 자체가 매우 유익했습니다. 특히 제 사고 과정과 선생님의 사고 과정을 비교해 볼 수 있는 것이 흥미로웠습니다. 선생님의 설명에는 강약이 있었기 때문에 전체 수업 내용에서 중요한 것이 무엇인지 확실히 알 수 있어 무척이나 도움이 되었습니다.

선생님들도 사람인지라 자신의 과목에 관심을 가지고, 수업 내용에 대해서 질문을 던지며 적극적으로 이해하려는 모습이 보이는 학생을 긍정적으로 보게 될 거라 생각합니다.

물론 선생님들과 얼마만큼 친하게 지낼지는 학생이나 선생님의 성격에 따라서 달라질 수 있습니다. 저는 원래 사람들과 이야기하고 어울리는 것을 좋아했기 때문에 선생님들께도 먼저 적극적으로 다가갔습니다. 하지만 내성적이라 선생님들과 개인적인 친분을 쌓고 싶지 않다면 굳이 그렇게까지 할 필요는 없다고 생각합니다.

다만, 수업 시간 이후에 질문을 하나 이상 하겠다는 목표를 세우는 것은 좋다고 생각합니다. 목표를 가지고 수업을 듣는 것은 아무 생각 없이 수업을 듣는 것과는 생각보다 많은 차이가 나기 때문입니다. 또 소극적인 성격임에도 불구하고 질문을 많이 하려는 자세가 선생님들께 좋은 인상을 심어 줄 수 있습니다.

저는 선생님들을 뵙고 이야기를 나눌 때, 너무 어렵게 생각하지 않으려고 했습니다. 선생님들은 학생들을 방해하기 위해서 존재하는 것이 아니라, 학생들에게 올바른 방향을 제시해주고 학생들을 돕기 위해서 존재하는 분들입니다. 제 주변의 선생님들은 항상 학생들에게 도움이 되고 싶어 하셨고 늘 학생들을 응원해 주셨습니다. 노력하는 학생을 응원하지 않을 선생님은 없습니다. 이 사실을 기억하고, 선생님들을 너무 어려워하지 않으면 좋겠습니다.

02 학급 임원에 대한 생각

Seori's Note

비교과 활동 때문에 성적이 떨어진다면
주객이 전도된 것과 같다.
비교과 활동을 할 때는 자신의 상황을
두루 살펴야 한다.

학기가 시작되면, 제가 선배들에게 그랬듯 후배들에게 이런 질문을 받습니다.

'반장을 꼭 해야 할까요? 저는 당선이 안 될 것 같은데, 어떡하면 좋을까요?'

사실 반장이라는 직책을 맡는 것은 비슷한 생활 기록부 속에서 그나마 차별성을 둘 수 있는 가장 쉬운 방법입니다. 그래서 많은 학생들이 반장 선거에 나가야 할지, 반장 선거에 나가서 떨어지면 어떡해야 할지 고민을 합니다.

저 또한 마찬가지였습니다. 중학교 1, 2학년 때에는 반장 선거와 부반장 선거 모두 출마했지만 떨어져서 낙심했었고, 중학교 3학년 때에는 공부에 집중하겠다는 생각으로 반장 선거에 아예 나가지 않았습니다.

고등학교 때에는 친한 친구를 뽑아주는 분위기가 조금 덜하지 않을까라는 희망을 품고 다시 도전했습니다. 1학년 1학기에는 선거에서 떨어졌지만, 조금 아쉬웠을 뿐 생각보다 속이 상하거나 허탈하지는 않았습니다. 공부에 집중할 수 있어서 오히려 다행이라고 생각했습니다.

대신 '리더십'을 보여줄 수 있는 다른 활동을 찾았습니다. 그것은 바로 동아리 부장이었습니다. 다행히도 동아리 부장 선거에서는 당선이 되었습니다. 그리고 당시 반장을 맡았던 친구와 친하게 지냈기에, 묵묵히 옆에서 반의 일을 돕는 역할을 했습니다.

1학년 2학기 때, 당선되지 못할 수도 있다는 사실을 되새기면서 다시 반장 선거에 나섰습니다. 다행히 당선이 되었고, 1학기 때처럼 주변 친구들을 챙기는 역할을 계속하였습니다. 2학년 1학기 때에는 공부에 집중해야 한다는 생각으로 반장 선거에 나가지 않았으며, 2학년 2학기에는 선거에 참여하여 또 당선되었습니다.

반장이라는 직책에 대하여

제가 생각하기에 반장은 '하면 좋고 아니면 말고'의 직책입니다. 떨어져도 상관없다는 마음으로 나가되 선거 자체에는 진심으로 임해야 합니다. 진심으로 학급에 도움이 되고 싶다는 마음을 가지고 있지 않으면 반장을 하더라도 보람을 느낄 수 없습니다. 얻는 것이 없다면 차라리 그 시간에 공부를 하는 것이 낫다고 생각합니다.

중학교 때까지는 반에 대한 애정이 있고 다 같이 잘될 수 있도록 이끌어나가는 역할을 꼭 한 번 해보고 싶다면,

반장 선거에 일단 도전해보는 것을 추천합니다. 다만 고등학교에 올라가서는 학급에 애정이 있더라도 반장을 하면서 공부에 집중할 수 있는 학생만 반장 선거에 나가는게 좋다고 생각합니다. 고등학교 때 반장을 한다는 것은 비교과 활동에 한 줄이라도 더 채우려는 마음이 있다는 것인데, 비교과 활동은 기본적으로 성적이 비슷한 학생들 사이에서 차별성을 보여주는 역할을 하기 때문입니다. 그러니 비교과 활동 때문에 성적이 떨어진다면 오히려 안 좋은 결과로 이어질 수 있습니다. 저도 이런 이유로 고등학교 2학년 1학기 때 아예 반장 선거에 출마하지 않았습니다. 상대 평가인 과목의 수가 너무 많았기 때문에 반장의 책무까지 다 하기에는 너무 힘들 것 같았습니다.

꼭 감투를 써야만 리더십을 보여줄 수 있는 것은 아닙니다. 옆에서 반장을 도와주는 역할을 하면서, 동아리 활동을 하면서 또는 봉사활동이나 학급활동을 이끌면서 리더십을 보여줄 수도 있습니다. 자신에게 맞는 자리에서 리더십을 보여주는 것이 훨씬 더 의미 있는 활동이 될 수 있습니다.

03 하루 컨디션을 좌우하는 수면

Seori's Note

수면은 공부의 질에 큰 영향을 미친다.
공부 시간을 늘리느라 잠을 줄이는 것은
결과적으로 악순환을 만든다.

수험생들의 가장 큰 적은 뭐니 뭐니 해도 '잠'일 것입니다. 특히 저는 잠을 제대로 자지 못하면 하루 종일, 때로는 며칠 동안이나 몸 상태가 좋지 않았고 집중력도 떨어져서 계획한 공부량도 채우지 못했습니다. 시간을 내서 운동을 하면 좋지만, 일분일초가 중요한 수험생에게는 꽤나 큰 부담이기 때문에 어쩌면 수면은 수험생이 체력과 스트레스를 관리할 수 있는 유일한 방법일 수도 있습니다.

저는 고등학교 3학년 때까지 밤을 새웠던 적이 딱 한 번 있었습니다. 평소에, 그리고 시험 기간에는 더더욱 밤을 새우거나 잠을 줄이지 않았습니다. 밤에 잠을 1시간 늦게 자면, 다음날 적어도 2~3시간은 졸거나 멍한 상태로 시간을 버리게 되었습니다. 평소에 7시간 정도 자던 잠을 3~4시간으로 줄이게 되었을 때는 다음날 학교에서 정신을 제대로 차리지 못했고 수업 때도 꾸벅꾸벅 조느라 선생님의 말씀을 제대로 듣지 못했습니다. 그래서 저는 수면 시간에 한해서는 정말 '바른 생활 어린이'의 태도를 유지했습니다.

저는 학교에 다닐 때는 조금 졸리더라도 차라리 아침 일찍 등교하여 교실에서 공부하는 것을 택했습니다. 이 방법은 정말 체력이 좋아서 며칠씩 밤을 새워도 멀쩡한 친구들을 제외한 대부분의 사람들에게는 더 잘 맞을 거라고 생각합니다.

초등학교 때까지만 해도 책상에 엎드려서 잠을 자는 것은 전날 밤을 아예 새웠거나 여행을 갔다 와서 시차에 적응하지 못한 경우가 아니라면 흔하게 볼 수 없는 광경이었습니다. 하지만 중학생이 되면 벼락치기로 공부를 하게 되면서 커피를 마시며 밤을 새우는 친구들을 흔히 볼 수 있습니다. 그러다 보니 학교, 학원 선생님의 수업을 들으면서 조는 친구들도 늘어납니다. 심지어 학교에 베개를 가지고 다니는 학생들도 많이 생깁니다.

고등학교에서는 반에서 절반 정도가 쉬는 시간에 잠을 청합니다. '머리만 닿으면 잔다'라는 명제가 성립하는 곳이 바로 고등학교였습니다. 친구들의 이야기를 들어보면 대체로 내일까지 해야 하는 숙제는 많은데, 당장 할 시간이 없으니 잠을 줄이고, 다음날 졸려서 저녁까지 제대로 정신을 차리지 못하고 졸다가 또 할 일이 많아서 밤을 새우는 악순환이 반복되는 경우가 많았습니다. 밤늦게까지 학원에서 공부를 하고 집으로 돌아와 숙제까지 끝내고 나면 어느새 새벽 2~3시가 훌쩍 넘어 있는 것이죠. 하지만 제가 경험과 관찰을 통해 내린 결론은 이러한 생활 패턴은 성적을 내려가게 하는 가장 좋은 방법이라는 것입니다.

수험생은 스스로 관리하거나 자신의 생활을 관리해주는 누군가가 있어야 합니다. 저는 스스로도 컨디션 관리를 했고 부모님의 도움도 받아 좋은 수면을 위한 여러 요인들을 관리하였습니다.

기상, 취침 시간 관리

수면 관리 시 당연히 가장 먼저 고려해야 하는 요인은 바로 기상 시간과 취침 시간입니다.

저는 고등학교 때 8시 10분까지 등교를 해야 했고, 아침 자습이 필수가 아니었습니다. 집에서 학교까지의 거리가 걸어서 5분 정도여서 이론적으로는 8시 정각에 집에서 출발하더라도 느긋하게 등교를 할 수 있었습니다.

하지만 학교에 가자마자 수업을 듣는 것보다는 일찍 일어나서 등교 시간 전에 학교에 도착해 잠깐이라도 공부를 하고 수업을 시작하는 것이 좋을 것 같았습니다. 잠에서

깬 지 얼마 안 된 상태에서 수업을 멍하게 듣는, 수동적인 공부를 한다면 더 졸릴 것이라고 생각했습니다. 수면을 관리하기 위해서 일찍 잠자리에 든 만큼, 깨어 있는 시간을 더 효율적으로 써야 한다는 생각도 일찍 등교를 한 이유이기도 합니다.

저는 이런 일찍 자고 일찍 일어나는 습관을 고등학교 내내 유지했습니다. 보통 밤에는 12시 반, 적어도 1시 정도에는 침대에 누웠고 아침 7시 즈음에 일어났습니다. 준비를 마치고 학교에 도착하면 7시 반 정도 되었고, 아침 조회가 시작하기 전까지 약 30분 정도의 시간이 있어 하루를 준비하며 여유 있게 공부를 시작했습니다.

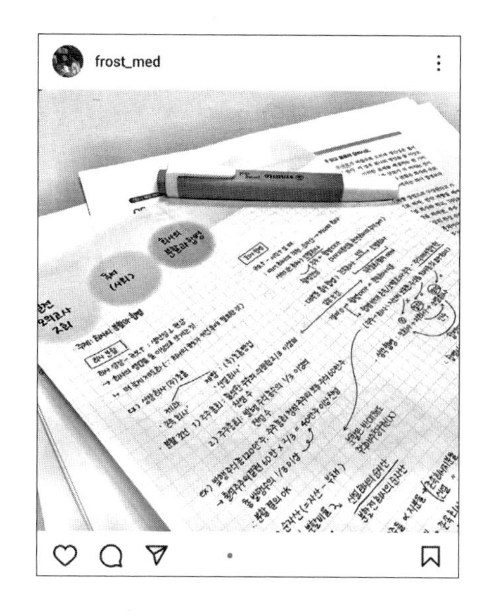
frost_med

꿈은
노력을 만들고
그 노력은 꿈을
현실로 만든다.

벚꽃처럼 만개한 내년의 나를 그리며

04 조절이 필요한 식사 관리

Seori's Note

수면만큼 중요한 것이 식사다.

먹었을 때 속이 불편하지 않은 음식 위주로

적당량을 먹으면 편안한 상태로 공부할 수 있다.

저는 몸 컨디션을 조절하기 위해서 수면과 함께 '먹는 것'을 관리하였습니다. 음식이 잠에 미치는 영향은 생각보다 굉장히 큽니다. 저 같은 경우에는 특히 음식에 예민해서 수험 생활 내내 음식에 더더욱 신경을 썼습니다.

우선 잠을 직접적으로 방해하는 카페인이 든 음식을 조심했습니다. 원하는 시간에 취침하고, 질 좋은 수면을 하기 위해서는 뇌를 각성시키는 카페인을 피하는 것이 좋습니다. 제 경우에는 커피 우유를 반 잔만 마셔도 심장이 빨리 뛰고 머리가 아픈 부작용을 겪는 등 카페인에 특히 예민했기 때문에 카페인이 든 음식 일체를 멀리했습니다. 고등학교 내내 마신 커피 또는 에너지 드링크의 양을 다 합쳐봤자 한 컵도 되지 않을 것입니다. 고등학교 생활 중, 비교과 활동을 채우느라 딱 한 번 밤을 새웠을 때조차 카페인을 단 1mg도 섭취하지 않았습니다.

또한 식사를 몇 시에 하는지, 어떤 종류의 음식을 먹는지 등 모든 요소가 컨디션 및 수면 관리로 이어진다고 생각하여 좋은 습관을 들이려고 노력했습니다.

식사 시간과 음식들

저는 아침에 유제품을 먹으면 속이 더부룩하고 배가 아픈 경우가 많았습니다. 그래서 가볍게 먹을 수 있는 핫도그를 데워 먹거나, 간단한 반찬과 밥을 먹는 등 따뜻한 음식 위주로 먹었습니다. 점심은 학교에서 나오는 급식을 먹었습니다. 저녁은 집으로 돌아와 오후 4~5시쯤 먹었습니다. 조금 이른 시간이긴 했지만 더 늦게 저녁을 먹으면 공부의 흐름이 끊기는 경우가 많았고, 학원이 끝난 후 8~9시에 저녁을 먹기는 너무 늦었습니다. 그때 먹게 된다면 씻고 책상에 앉기까지 너무 많은 시간을 버린다는 것을 알고 있었기 때문에 차라리 저녁을 일찍 먹고, 학원을 다녀와서는 과일이나 쿠키 등 당분이 들어있는 간단한 간식을 먹었습니다. 간식도 저녁 11시 이후에는 섭취하지 않았습니다.

저녁 메뉴를 정하는 데에도 신경을 기울였습니다. 저는 MSG와 같은 인공 감미료가 많이 들어간 음식을 먹으면 항상 식곤증이 심하게 왔습니다. 피곤하지 않은 상태라고 하더라도 치킨이나 피자, 떡볶이 등의 음식을 먹으면 졸음이 밀려왔습니다. 이렇게 생긴 졸음은 잠시 낮잠을 자고 일어나도 개운해지지 않았고, 밤까지도 몸이 계속 찌뿌둥했습니다. 이 사실을 알게 된 이후 저는 시험이 끝난 날이나 스트레스가 너무 쌓여서 이러한 음식을 먹지 않으면 안 되겠다는 생각이 들 정도가 아니라면 거의 먹지 않았습니다. 평소에는 고기나 생선과 같이 단백질이 풍부한 음식을 즐겨 먹었습니다.

식사량 조절

수험 생활의 대부분을 앉아서 보내다 보니 활동량이 적어졌고, 소화 능력도 자연스럽게 떨어졌습니다. 그러다 보니 자연히 음식량도 조절하게 되었습니다. 이러한 상황에서 억지로 밥이나 간식을 많이 먹으면 속도 더부룩하고 더 자주 졸렸습니다. 또 칼로리를 운동으로 소모하지 못하는 만큼 음식을 먹으면 쉽게 살이 쪘고, 살이 찔수록 몸이 더 쉽게 피곤해지고 더 자주 아프다는 사실도 깨달았습니다. 그래서 아무리 음식이 맛있더라도 배가 부르면 바로 숟가락을 내려놓는 습관을 들였습니다. 처음에는 음식이 조금씩 남았지만 시행착오를 거쳐 저에게 맞는 식사량을 찾을 수 있었습니다.

끼니 중간에 습관적으로 간식을 먹는 일도 자제했습니다. 물론 공부를 너무 많이 해서 '당이 떨어진다'는 느낌이 확실히 드는 경우에는 다음 공부를 위해 당분이 있는 간식을 먹기도 했고, 친구들과 함께 가볍게 간식을 먹기도 했습니다. 하지만 이러한 경우를 제외하고는 규칙적인 식사 시간과 알맞은 식사량을 지키기 위해서 최대한 간식을 먹지 않았습니다.

05 반드시 관리해야 하는 졸음

Seori's Note

나도 모르게 쏟아지는 졸음과는

적당히 타협하는 방법을 찾는 것이 좋다.

졸음이 찾아오면 내가 졸린 상황이라는 것을 빨리 인지해야

대처를 할 수 있다.

이렇게 나름대로 관리를 했음에도 불구하고 졸음은 언제나 저를 괴롭혔습니다. 고등학교를 다니는 동안 잠을 많이 잘 때에는 6~7시간은 잘 수 있었지만, 이 정도도 저에게는 부족했습니다. 깨어 있는 내내 공부를 하느라 누적된 피로가 많았지만, 원하는 만큼 잠을 자는 것은 사실

상 불가능했습니다. 따라서 낮 시간에 졸음을 관리하는 것은 공부를 함에 있어 무척 중요했습니다.

하지만 카페인을 먹지 않고 졸음을 이기는 방법은 매우 찾기 어려웠습니다. 고등학교 3학년 때는 너무 졸렸던 나머지 공스타 스토리에 '졸음을 깨는 법'에 대해서 질문을 올려 여러 사람의 조언을 받기도 하였습니다. 그중에서 제가 실제로 효과를 봤던 방법들이 몇 개 있습니다.

졸음이 쏟아질 때

우선 졸릴 때에는 스스로 졸리다는 것을 인식하는 게 중요합니다. 스스로 졸린다는 사실을 깨닫지 못하면 어느 순간 생각지도 못하게 잠들어 버릴 수도 있기 때문이죠. 그래서 저는 항상 졸음이 올 수 있다 생각하며 몸 상태를 수시로 점검하려고 노력했습니다. 나 자신을 분석하다 보니 평소보다 몸이 무겁게 느껴지거나 자리에서 일어나기가 유독 싫어질 때면 졸음이 순식간에 밀려온다는 사실을 깨달았습니다. 저는 이러한 상태를 기억하고 비슷한 느낌이 들면 졸음을 쫓겠다고 의지를 다졌습니다.

이렇게 경계하고 있는 상태에서 실제로 졸음이 오면, 우선 졸리다는 사실을 인지하고 자리에서 일어났습니다. 그나마 덜 졸릴 때 자리에서 일어나는 것이 잠을 깨는 데 훨씬 효과적이라는 것을 경험으로 배웠기 때문입니다. '아직까지는 버틸 수 있을 것 같은데?'라는 안일한 생각을 하면서 자리에 계속 앉아 있기도 했는데 어느 순간 잠들어버리더라고요.

자리에서 일어나면 우선 저는 서서 공부할 수 있는 책상으로 자리를 옮겼습니다. 웬만큼 피곤한 상태여도 서서 공부를 하면 정신이 빠르게 멀쩡해지는 것을 느꼈습니다. 너무 피곤해서 앉으면 잘 것 같은 날에는 아예 처음부터 선 책상에서 공부한 적도 있었습니다. '서서 공부하기'는 다리는 좀 아파도 쉽게 졸음을 쫓을 수 있는 효과적인 방법이어서 자주 사용했습니다

하지만 정말 피곤한 날에는 선 책상도 소용이 없었습니다. 분명히 눈을 깜빡이기만 한 것 같은데, 다시 눈을 떠보

면 몸이 균형을 잃고 졸고 있는 신기한 경험을 하기도 했습니다. 이러한 상황에서는 추가적인 방법을 동원해야만 했습니다.

흔히 사용한 방법은 얼음물과 민트를 활용하는 것입니다. 졸릴 때 이가 시릴 정도의 차가운 얼음물을 머금고 있으면 그나마 잠이 깨는 느낌이 들었습니다. 이클립스나 자일리톨 같은 민트 사탕을 입에 문 상태로 얼음물을 마시면 그 효과가 배가 되었습니다.

껌을 씹는 것도 하나의 방법이었습니다. 얼음물을 마시는 것보다는 효과가 더 오래 갔지만, 오랫동안 껌을 씹다 보면 턱이 아파서 가끔씩만 사용했습니다.

만약 이러한 방식을 썼음에도 졸려서 자꾸 눈이 감긴다면 어떻게 해야 할까요? 저는 그럴 때는 정말 잠이 필요하다고 판단해 잠시 쪽잠을 잤습니다. 다만 쪽잠을 자는 것에도 제한을 두었습니다. 수업 시간에는 당연히 어떻게든 정신을 차리기 위해 노력했고, 자습 시간이나 점심 시간에도 잠을 자지 않으려고 노력했습니다. 대신 잠에서 깨어나야 하는 시간이 확실히 정해져 있는 쉬는 시간에 쪽잠을 잤습니다. 수업이 시작되면 다음 수업 선생님이 들어오셔서 잠을 자고 있는 학생들을 깨우시기 때문에 어차피 길게 잘 수 없어 그나마 안심하고 잠을 잘 수 있으니까요. 점심시간에 너무 졸리면 차라리 야외로 나가서 잠시 산책을 하거나, 벤치에서 공부를 하거나 친구들과 잠시 수다를 떠는 등 정신을 환기시키려고 노력하였습니다.

저는 학교가 끝나고 집에 오면 금방 졸리는 경우도 많았습니다. 서서든 앉아서든 학교에서 하루 종일 공부를 하고 오면 당연히 몸이 피로할 수밖에 없으니까요. 이때는 오히려 쪽잠을 적극적으로 활용하였습니다. 저는 학원 일정을 항상 하교 시간의 1시간 뒤로 잡아 두었습니다. 따라서 이 시간 내에 저녁을 먹고, 잠을 자고, 학원까지 이동하는 것을 모두 해결해야 했습니다. 너무 몸이 피곤할 때에는 밥 먹는 시간을 줄이고 쪽잠을 많이 잔 후 바로 학원에 가기도 하였습니다. 저는 이 시간대를 적극적으로 활용하여 컨디션에 따라 15~30분 정도 낮잠을 꼭 잤습니다.

결국은 어떤 방법을 쓰든, 스스로 졸지 않으려는 의지와 노력이 가장 중요합니다. 자신의 몸 상태를 체크하여 어떻게 하면 내 몸에 가장 맞는 수면 패턴을 찾을 수 있을지 중학교 때부터 다양한 시도를 해보는 것이 좋습니다. 졸려서 낮에 잠을 많이 자고, 밤에 잠이 오지 않아 늦게 자는 악순환을 반복하지 않도록 자신의 수면 리듬을 일정하게 관리하는 것이 필요하다고 생각합니다.

06 잘 쓰면 약, 잘못 쓰면 독이 되는 전자 기기

Seori's Note

스마트폰 등의 전자 기기를 활용할 때
가장 중요한 것은 스스로 사용 시간과 용도를
컨트롤할 수 있느냐다.

제가 가장 많이 받는 질문 중 하나는, '수험 생활 동안에 전자 기기를 어느 정도로 사용하셨나요?'입니다. 우선 저는 수능 당일까지 스마트폰을 단 한 번도 가져보지 못했습니다. 초등학교 때부터 중학교 1학년 때까지는 인터넷이 연결되지 않는 폴더폰을 사용했고, 중학교 2학년 때부터 고등학교 3학년 때까지는 스마트폰처럼 생겼지만 인터넷

연결이 막혀 있는 '공신폰'을 사용하였습니다. 처음으로 제 소유의 스마트폰을 가지게 된 건 수능이 끝난 당일이었습니다.

저도 어릴 적에는 스마트폰이 무척이나 가지고 싶었습니다. 특히 초등학교 때 부모님께 스마트폰을 사 달라고 막무가내로 떼를 쓰기도 했고, 나름 논리적인 이유를 대면서 설득을 하기도 했습니다. 하지만 부모님께서는 추가적으로 MP3나 아이패드와 같은 전자 기기를 사주는 한이 있더라도 스마트폰은 수능이 끝나기 전까지는 사주지 않을 것이라고 분명히 선을 그으셨습니다. 그렇게까지 부모님이 단호하게 말씀하셨던 부분이 몇 개 없었던 만큼, 저도 스마트폰을 갖고 싶은 마음은 비교적 빠르게 버릴 수 있었습니다.

지금 되돌아보면, 그 당시의 부모님께 굉장히 감사하고 스마트폰을 포기한 제 자신도 칭찬해주고 싶습니다. 제가 대학교에 입학해서 가장 크게 느꼈던 점은, 만약 중고등학교 때 저에게 스마트폰이 있었다면 절대 지금의 결과를 얻을 수 없었을 것이라는 사실입니다. 제 자제력으로는 스마트폰의 유혹을 떨쳐내지 못했을 게 분명합니다. 지금은 스마트폰과 인터넷을 마음껏 사용해도 문제가 없고, 그것보다 재미있는 활동도 많아서 그나마 스마트폰 사용을 조절할 수 있지만, 친구들과의 관계에도 예민하고 공부만 하던 그때 스마트폰을 가졌다면 분명 SNS나 유튜브 등에 중독되었을 것 같습니다. 처음에는 스스로 통제를 할 수 있다고 자부하더라도 빠져드는 것은 순식간입니다. 한 순간의 실수가 수험 생활을 망칠 수도 있습니다. 애초에 위험 요소를 제거하는 것이 낫다고 생각합니다.

나와 함께했던 전자 기기의 역사

저는 앞서 언급했듯, 중학교 1학년 때까지는 폴더폰, 고등학교 3학년 때까지는 공신폰을 사용하였습니다. 하지만 이 기기들만 사용하기에는 불편함이 많았기 때문에 공기계나 아이패드 등 추가적인 전자 기기들을 사용하였습니다.

우선 중학교 때까지 저는 부모님이 이전에 사용하셨던 스마트폰을 공기계로 사용하였으며, MP3와 갤럭시 탭을 추가로 사용하였습니다. 이러한 기기로는 와이파이만을 사용할 수 있었기 때문에 거의 집에서만 사용했고, 그마저도 학급 단체 카톡방 등 필수적인 부분만 확인했습니다. 또한 부모님께서 기기에 비밀번호를 걸어두지 않고 제가 하는 활동들을 투명하게 확인할 수 있도록 하는 조건 하에 기기 사용을 허락하셨기 때문에 사용 시간과 방식을 스스로 조절할 수 있었습니다.

고등학교 때에는 아이패드와 노트북, 그리고 인터넷이 가능한 MP3인 아이팟8을 사용하였습니다. 아이팟은 고등학교 3학년 때 구매하여 사용하였으며, 그 전까지는 아이패드와 노트북 위주로 사용하였습니다.

코로나19로 고등학교 1, 2학년 때 원격 수업이 이루어졌을 때는 아이패드가 필수적으로 있어야 했습니다. 학교에 온라인으로 과제를 제출해야 했기 때문입니다. 실시간 화상 강의를 들을 때는 주로 노트북을 활용하였습니다.

아이패드 활용법

공스타그램을 하면서 생각보다 많이 받았던 질문 중 하나는 '아이패드는 어떤 기종을 사용하고 있으며, 어떠한 방식으로 사용하나요?'였습니다.

우선 저는 아이패드 에어4 중 256GB 모델을 사용하였고 주로 사용한 용도는 크게 두 가지였습니다.

먼저 아이패드를 활용해 공부를 했습니다. 코로나19 때 원격 수업을 진행하면서 스마트폰이 없다는 점이 큰 불편함으로 다가왔습니다. 과제를 사진으로 찍어서 제출해야 할 때에나 댓글로 출석 체크를 하는 경우에 아이패드를 활용했습니다. 또 단체 카톡방을 통해 선생님께서 공지 사항을 전달해주시는 경우에도 아이패드를 유용하게 사용하였습니다.

선생님들께서 수업 PPT 자료를 올려주시는 경우에는 이를 다운로드해 굿노트에 직접 필기를 하면서 수업을 듣기도 했습니다. 이는 원격 수업 때뿐만 아니라 대면 수업 때에도 유용했습니다. 공부를 하면서 궁금증이 생기면 교내 와이파이를 사용해 내용을 검색하는 데에도 사용할 수 있었습니다.

두 번째로, 아이패드를 활용해 음악을 들을 수 있었습니다. 수험 생활 내내 제가 포기하지 않았던 단 하나의 취미가 바로 음악 듣기였습니다. 중학교 때까지는 인터넷이 되는 기기가 없었기 때문에 직접 음원 사이트에서 원하는 음원을 다운로드해 하나하나 결제하고 MP3로 옮겨서 들었습니다. 하지만 고등학교에 올라오면서 음원을 다운로드할 만한 여유 시간이 급격히 줄어들었고 가격도 올라서 음원을 다운로드하기 어려워졌습니다. 그래서 저는 아이패드를 구매하면서 유튜브 프리미엄도 함께 이용하기 시작하였습니다. 유튜브 프리미엄은 인터넷이 연결되지 않는 환경에서도 미리 다운로드한 음악을 들을 수 있었기 때문입니다.

저는 흥미 위주의 영상을 아예 보지 않아서 알고리즘에도 그러한 영상들이 뜨지 않았습니다. 따라서 영상에 중독될 염려 없이 마음 편하게 이 서비스를 이용할 수 있었습니다. 만약 이 부분에 있어 스스로의 자제력을 믿을 수 없다면 차라리 음원만 제공하는 다른 서비스를 사용하는 것이 나을 수도 있다고 생각합니다.

저는 아이패드는 노트 필기 용도로는 거의 사용하지 않았습니다. PPT 자료에 필기를 하는 등 확실히 더 편리한 것이 아니라면, 아이패드로 필기하는 것이 오히려 공부에 방해가 된다고 느꼈기 때문입니다. 아이패드로 필기를 하다 보면 종이에 필기를 할 때보다 글씨체에 신경을 쓰게 되는 등 방해 요소가 많다는 생각이 들어 저는 종이 노트에 직접 쓰는 것을 택했습니다.

가능성을
믿는 순간
길은 시작된다.

갑자기
멈추면
여태 달려온 게
뭐가 돼.

07 SNS를 운영한 이유와 방법

Seori's Note

SNS 계정은 목적에 맞게 활용하되

사용 시간을 컨트롤하는 것이 중요하다.

그렇게 할 수 없다면 시작하지 않는 편이 현명하다.

저는 고등학교 2학년 때부터 공스타그램과 유튜브를 운영하였습니다. 공스타그램을 처음 시작한 시기는 2021년 12월, 고등학교 2학년 겨울 방학 때였습니다. 기말고사 기간에 충동적으로 계정을 만든 것이 그 시작이었습니다.

당시 저는 다음날 봐야 하는 기말고사에 대한 걱정이

가득했습니다. 하지만 친구들에게 말하는 것은 조금 부끄럽기도 했고, 친구들의 시간을 뺏는 것 같아 미안하기도 했습니다. 부모님께 말씀드리자니 걱정을 끼쳐드리는 것 같아 죄송했습니다. 그래도 어딘가에 이런 마음을 꺼내놓고 싶기는 했습니다.

인스타그램

그렇게 저는 익명으로 공스타그램을 시작하였습니다. 계정명은 입시 목표가 서울대 의대였던 만큼 서울대 의대생이 쓴다는 밈에서 따왔습니다. 서울대 의대생이 미안할 때 'I'm sorry!'를 '아임설의'로 말한다는 밈입니다.

하지만 실제로 서울대 의대에 합격하고 나서는 스스로 조금 부끄럽기도 했고, 제 정체성을 대학교 하나로만 규정짓기는 싫어 '서리'로 바꾸었습니다. 이전 별명을 오래 썼던 만큼 애정을 가지고 있어서 '설의'와 발음이 비슷한 '서리'라는 이름을 지은 것입니다.

제 첫 인스타그램 스토리는 '할 수 있다'라는 내용이었습니다. 저 외엔 아무도 그것을 보지 않았지만, 새로운 방식으로 나를 위한 응원을 기록해 놓았다는 점이 묘하게 만족스러웠고 마음을 위로해 주었습니다.

그 이후 공부 시간을 많이 채워 자랑스러운 날이나 성적이 잘 나와서 기분이 좋거나 필기가 기분이 좋을 정도로 깔끔하고 예쁘게 되었을 때 등 뭔가 기록하고 싶은 일이 있을 때 가끔 공스타그램을 이용하였습니다. 일종의 대나무숲이었던 것입니다.

저는 처음부터 공스타그램을 예쁘게 꾸밀 생각을 하지 않았습니다. 그저 다른 곳에 공개적으로 말하기 어려운 내용을 기록하거나 그냥 버리기에는 아까운 공부의 흔적들을 정리해두는 공간으로 사용하였습니다.

인스타그램은 시간을 많이 들이자면 정말 한없이 많은 시간을 쏟아부을 수 있는 매체이지만, 동시에 절제한다면 가장 적은 시간을 들여 사용할 수 있는 매체이기도 합니다. 저는 게시물이나 스토리를 업로드할 때 가급적 5분 이내에 모든 작업을 끝내려고 했습니다. 사진 보정은 최대한 적고 빠르게 끝냈으며, 글을 쓸 때도 웬만하면 길게 작성하지 않았습니다. 또 다른 사람들의 게시물이나 스토리를 보면서 자극을 얻고자 하는 목적으로 시작한 게 아니었기 때문에 다른 공스타그램 이용자들과의 소통에 시간을 쓰지는 않았습니다. 공부에 가장 큰 방해 요소인 릴스 또한 공스타그램에서는 크게 사용할 일이 없어 중독이 되지 않았습니다. 사실 이 부분은 짧고 자극적인 영상을 좋아하지 않는 제 취향 덕분이기도 합니다.

유튜브

제가 유튜브를 시작한 때는 고등학교 2학년, 원격 수업을 할 당시였습니다. 원격 수업을 하면서 반복적인 생활에 지쳐서 무언가 일상에 새로운 변화를 주고 싶었습니다. 당시 집에서 스스로 공부하면서 집중력을 유지하기 위해서 타임랩스를 찍는 방법을 사용했는데, 이 영상들을 딱히 쓸 곳이 없어서 그냥 모아두었습니다. 문득 영상 소스도 있겠다, 짬짬이 시간을 내서 영상을 간단하게 편집만 하면 브이로그를 만들 수 있겠다는 생각이 들었습니다. 어플을 이용하니 아이패드로도 꽤나 쉽고 간단하게 영상을 만들 수 있다는 것을 알게 되었습니다.

하지만 영상 편집은 공스타그램을 운영하는 것보다 시간도 노력도 훨씬 많이 들었습니다. 그래서 미리 찍어뒀던 영상들을 활용해서 2~3개의 영상만 만들고 내신 기간 동안은 영상을 촬영하거나 편집하는 것을 자제하였습니다. 이후 고등학교 3학년 중간고사 이후 시간이 나서 영상을 하나 제작했지만, 길게 시간을 들이지는 않았습니다.

지금 생각해 보면 제가 원격 수업을 하지 않고 정상적으로 등교하는 고등학교 시절을 보냈다면, 유튜브를 시작하는 것은 엄두도 내지 못했을 것 같습니다.

제가 고등학생 때 공스타그램과 유튜브를 운영했다는 이야기를 들으면 대부분 '시간을 많이 뺏기지 않았냐'는 질문을 합니다.

제가 생각하기에 공스타그램과 유튜브를 운영하는 것은 다른 취미와 마찬가지인 것 같습니다. 스스로 절제할 수만 있다면 충분히 즐기면서 할 수 있는 활동인 것이죠. 다만 다른 취미보다는 절제하기가 어렵기 때문에 먼저 자신을 잘 판단하는 것이 필요하다고 생각합니다. 이 활동들은 대학교에 입학하고 나서도 충분히 시작할 수 있으니까요.

Seori's Q&A

입시에 도움이 되는 학교 활동을 얼마나 하셨나요?

저는 고등학교 1학년 1학기 때 반장을 하지 못해서 대신 리더십을 보여줄 수 있고 해보고 싶었던 실험들을 더 적극적으로 할 수 있도록 동아리 회장에 지원했고, 다행히 선출되었습니다. 그 외의 학교 활동들은 할 수 있는 모든 것을 했습니다. 제 장래 희망과 완전히 동떨어진, 예를 들면 '일본 문화 경시대회'와 같은 활동이 아니라면 모두 참여했던 것 같습니다. 그 결과, 항상 생활 기록부 자율 활동 부분을 기록할 때 너무 쓸 내용이 많아서 그중에서 선택해야 하는 상황이 발생했습니다.

학교에서 마련해주었던 '저자와의 대화', '독서토론캠프', '토요교실(과학심화실험교실)', '월드리서치페스티벌' 등의 다양한 행사들에도 최대한 참여하였습니다. 문과 관련 행사처럼 보이더라도 저만의 특색이 드러나는 활동이라고 생각하면서 적극적인 자세로 참여하려고 했습니다.

Seori's Q&A

서리 님도 자신 없는 과목이 있었나요? 어떤 과목이었나요?

제가 가장 자신 없었던 과목은 단연코 수학이었습니다. 제가 수학에 아예 재능이 없는 것은 아니었습니다. 하지만 문과 성향이 더 강해서 본능적으로 수학에 거부감을 느꼈던 것 같기도 합니다. 또 고등학교가 과학중점학교였다 보니 주변에 수학을 잘하는 친구들도 많았고, 수학에 조금이라도 소홀해지면 바로 성적이 떨어지기 때문에 부담감도 컸습니다.

그렇기 때문에 오히려 저는 수학에 고등학교 시절을 바쳤다고 해도 과언이 아닐 정도로 시간과 노력을 쏟아 부었습니다. 일주일에 수학 학원만 4~5번을 가기도 했고, 방학 때에는 스스로 자습하는 형식의 학원에서 하루에 5시간씩 앉아서 문제를 풀기도 했습니다. 수학을 잘하는 학생들 특유의 발상적인 풀이를 생각해 내는 데 어려움을 느꼈던 만큼, 그 부분을 보완하기 위해 푸는 문제의 양 자체를 늘려버린 것이지요. 다른 친구들보다 2배 이상 문제를 풀면서 우울하고 짜증나기도 했지만, 시간을 들이는 만큼 다행히도 성적이 나와주었기 때문에 포기하지 않고 지속적으로 수학을 공부할 수 있었습니다.

PLAN 4

단단하게
준비해
당당하게
합격하자

01 나에게 맞는 입시 전략 찾기

Seori's Note

대입을 준비할 때 가장 중요한 건
방향성을 잡는 것이라고 생각한다.
'지피지기면 백전백승'이라는 말을 기억하고
자신에게 맞는 방향을 먼저 설정하자.

공스타그램을 운영하면서 많은 학생에게 '내신 성적이 충분하지 않은 경우는 정시에 집중하는 것이 좋나요?'라는 질문을 받았습니다. 특히 아직 기회가 많은 고1 학생에게 그런 질문을 받았을 때는 안타까운 마음이 들었습니다.

저는 고등학교 1학년 학생에게는 정시로 바로 돌리는 것은 추천하지 않았습니다. 질문을 준 학생은 내신이 6등급이었는데, 그 정도라면 수능의 바탕이 되는 공부도 되어 있지 않다는 뜻이기 때문에 정시로 길을 틀어봤자 의미가 없을 것이기 때문이었습니다.

이런 경우에는 차라리 내신을 준비하면서 더 꼼꼼히, 더 차근차근 기초부터 쌓아가는 것이 옳은 방법이라고 생각합니다. 수시는 결국 논술과 정시의 기초가 되는 부분인 만큼, 고등학교 1학년 때 이 선택지를 제거하는 것은 합리적이지 않다고 생각합니다.

수시와 정시 중 무엇에 집중할지 고민하는 친구들은 대입까지 자신에게 남은 시간과 만회할 수 있는 시험을 고려해 결정하기 바랍니다.

내게 맞는 목표 밀고 나가기

저는 고등학교 3년 내내 수시를 준비하면서 단 한 번도 정시를 생각해 본 적이 없습니다. 다행히도 성적이 잘 나와주어서 그랬던 부분도 있었지만, 한 번의 시험으로 모든 것이 결정되는 정시가 다소 도박처럼 느껴져서이기도 했습니다. 그리고 부담감을 느끼면 불안감도 함께 커지는 제 성격에도 맞지 않다고 생각했습니다. 차라리 다음 시험으로 이전의 시험을 만회할 수 있고, 지속적으로 새로운 목표를 세우며 꾸준한 노력으로 빛을 발할 수 있는 수시가 저에게는 더 잘 맞을 것이라고 생각하였고, 실제로도 그랬습니다.

수시를 준비하기 시작했던 고등학교 입학 때부터, 저는 목표를 '서울대학교 의과대학'으로 설정했습니다. 목표는 높을수록 좋다는 생각도 있었지만, 가고 싶은 마음이 정말 컸습니다. 목표를 (성적상) 가장 높은 학교와 과로 잡았던 만큼, 이를 위해 준비하면 결국 다른 대학들에도 지원할 수 있을 정도의 성적과 생활 기록부가 나올 것이라고 생각했습니다. 그렇게 저는 수시 원서를 쓰기 전까지, 오로지 서울대 의대만을 바라보며 생활하였습니다.

02 자기소개서와 면접 팁

Seori's Note

수시 입시에서 면접은 매우 중요하다.
질문에 소신 있게 답을 하는 것만큼이나 태도 또한 중요하다.
긴장되겠지만 면접관과 눈을 자연스럽게 마주치며
적당한 속도로 말하는 연습을 하자.

제가 최종적으로 합격한 6개의 대학교는 서울대학교 의과대학, 연세대학교 의과대학, 고려대학교 의과대학, 가톨릭대학교 의과대학, 성균관대학교 의과대학, 그리고 한양대학교 의과대학이었습니다. 이들 대학교 중 지원할 때 자기소개서를 써내야 하는 학교는 서울대학교와 연세대학교, 가톨릭대학교와 성균관대학교였고, 공통적으로 묻는 두 문항이 있었습니다.

첫 번째 문항은 '고등학교 재학 기간 중 자신의 진로와 관련해 어떠한 노력을 해왔는지 본인에게 의미 있는 학습 경험과 교내 활동을 중심으로 기술하라'는 것이었고, 두 번째 문항은 '고등학교 재학 기간 중 타인과 공동체를 위해 노력한 경험과, 이를 통해 배운 점을 기술하라'는 것이었습니다.

지원자 모두에게 주어진 문항이었지만, 고등학교 시절에 했던 경험들은 다 다르기에 자신의 캐릭터를 확실히 보여줄 수 있는 문항들이라고 저는 생각했습니다. 자신에게 의미가 있었던 경험들을 얼마나 간결하고 창의적인 형태로 다듬어낼 수 있는지를 보는 것이죠.

6개의 학교가 크게 달랐던 부분은 '면접'이었습니다. 서울대학교와 성균관대학교, 가톨릭대학교에서는 MMI 면접을 시행한 반면, 연세대학교와 고려대학교는 이과 면접과 함께, 제시문 면접을 시행했고, 한양대학교에서는 면접을 보지 않았습니다.

연세대학교와 고려대학교의 면접 준비는 MMI에 비해 더 짧게 했던 것으로 기억합니다. 면접 일주일 전쯤 학교 선생님들이 가지고 있는 기출문제로 한 번 연습을 했고, 따로 학원에서 제시문 면접을 2~3번 정도 연습했습니다. 고등학교 때 과학 과목을 1, 2 모두 들었기 때문에 범위를 모두 알고 있는 것과 마찬가지여서 다소 편한 마음으로 임할 수 있었습니다.

MMI 면접을 준비할 때에는 학교에서 2번, 학원에서 실전 면접처럼 4~5번 정도 연습했습니다. 서울대학교는 MMI 면접에서 생활 기록부와 자기소개서로 20분 동안 면접을 진행해서 학교 선생님들과 모의 면접을 연습한 것이 도움이 되었습니다. 선생님들이 제 생활 기록부를 면밀히 알고 계시는 만큼 날카로운 질문들을 많이 해주셔서 좀 더 침착하게 면접에 응할 수 있었습니다.

학원에서 진행한 모의면접에서는 딜레마 상황과 자료 분석 등의 기초적인 MMI 유형을 연습했습니다. 개인적으로 내용을 구조화해서 이야기하는 부분에서는 큰 어려움을 느끼지 않았기에, 조금 더 자세하게 근거를 하나하나 잡아서 꼼꼼히 설명하는 데 의의를 두고 연습했습니다.

실제로 면접에서 나왔던 질문과 답변을 간단히 소개해 보겠습니다.

1번 면접방 앞에 있는 책상에 놓인 질문지를 2분간 보고 방으로 들어가 면접을 진행합니다. 질문지에는 아래와 같은 문제가 적혀 있었습니다.

'학생1과 학생2가 경쟁이 치열하며 선배 추천이 필요한 동아리에 들어가기 위해 2학년 선배에게 초콜릿을 주었다. 학생1은 붙고 학생2는 떨어졌는데 학생2가 선생님께 고발해 학생1의 동아리 입단이 보류된 상황이다. 학생2의 행동에 대해 어떻게 어떻게 생각하는가?'

문제를 읽고 방에 들어가니 교수님 두 분이 계셨고, 한 분이 학생2가 초콜릿 준 것을 어떻게 생각하는지 물으셨습니다. 저는 정황상 뇌물로 보일 수 있기 때문에 학생1과 2 둘 다 그런 행동을 하지 말았어야 했다고 답했습니다. 그렇다면 학생2가 신고한 건 어떻게 생각하는지, 선의로 신고한 것일 수도 있지 않는지 등 꼬리에 꼬리를 물고 질문들이 이어졌습니다. 제 가치관이 드러날 수 있도록 하나하나 답변을 하는 사이 면접 시간이 다 끝났습니다.

그다음 방 앞에서도 질문지에 쓰인 문제를 2분간 읽었습니다. 대략 아래와 같은 내용이었습니다.

'영우와 준희가 중학교 때까지 친하게 지내며 로봇 만들기를 취미 생활로 즐겼는데 고등학교에 들어와서 준희가 공부를 하지 않고 무기력한 상태로 다른 반에 배정되었다. 입시에 중요한 로봇 경진 대회가 있는데 영우는 팀워크와 실력이 좋은 준희와 대회에 참가하고 싶다.'

방에 들어가 웃는 얼굴로 꾸벅 인사를 하고 앉았습니

다. 역시 교수님 한 분이 지원자가 영우라면 어떻게 할 것인지 물으셨습니다.

이번에도 제 가치관을 기반으로 준희와 시간을 같이 보내며 왜 무기력해졌는지 이야기를 듣고, 좋아했던 취미를 찾아주려 노력할 것이라고 답했습니다. 역시 답변 이후 새로운 가정을 해가며 추가 질문을 주셨고, 저도 끝까지 차분히 생각을 말했습니다.

마지막 문제는 위 2문제와는 달리 과학적 자료를 해석하는 문제가 나왔습니다. 하지만 잘 살펴보니 결국은 제가 가진 생각을 바탕으로 설명해야 하는 문제였습니다.

결국 면접 연습은 스스로 연습에서 얼마나 많은 피드백을 받아내고, 그것을 얼마나 반영하여 여러 번 연습하는지에 따라 효과가 달라지는 것 같습니다.

03 학교 활동으로 생활 기록부 채우는 법

Seori's Note

생활 기록부는 나의 평소 관심사와
생활 전반을 잘 나타내주는 도구다.
자신의 진로에 맞는 활동으로 채우면
면접에서도 자신 있게 답할 수 있다.

생활 기록부는 어떻게 채우는 것이 입시에 유리할까요? 무엇보다 자신의 관심과 진로를 잘 살펴보고 그와 관련한 내용으로 채우는 것이 중요합니다. 관심 없는 분야인데 다른 사람이 읽는 책을 따라서 읽는다거나, 진로와 상관없는 활동을 한다면 스스로 동기 부여도 되지 않을뿐더러 자기소개서를 쓸 때나 면접을 볼 때 자신이 없는 모습을 보이게 됩니다. 자신이 어디에 관심을 가지고 있는지, 앞으로 어떤 공부를 해서 어떤 사람이 되고 싶은지 진지하게 생각해보는 시간을 가지는 것이 먼저입니다. 인터넷 검색이나 선배들의 조언이 큰 도움이 될 것입니다. 관심 분야의 책을 찾아보는 것도 관심 분야의 정보를 확장하는 데 도움을 줍니다.

이보다 조금 더 근본적으로 세부 특기 사항을 채우는 방법으로는 교과서를 활용하는 것을 들 수 있습니다. 저는 개별 교과의 내용을 심화하고 싶을 때 이 방법을 많이 사용하였습니다. 교과서를 보면, 창의 문제 또는 탐구 문제라고 적혀 있는 부분이 있습니다. 특히 사회나 역사 과목의 경우, 새로운 활동을 할 수 있도록 한쪽이 할애된 경우가 있는데, 여기에 언급되어 있는 활동에 자신만의 특색을 더해서 탐구를 하는 방법입니다.

실제 제 경우를 말씀드려보겠습니다. 문학 과목의 '한국 문학의 흐름'이라는 단원을 학습했을 때입니다. 저는 이때

한국 현대시의 흐름에 대해서 발표를 하면서 시대적인 상황과 주요 시의 경향을 연결 지어 발표하였고, 거기다 제가 개인적으로 좋아하는 시인 이육사의 〈절정〉에 대한 감상까지 발표하였습니다.

또 다른 예시로는, 언어와 매체 교과서에 시각, 청각 장애인의 규범 학습의 어려움에 대한 지문이 나왔던 적이 있습니다. 저는 더 나아가 수화, 스마트폰 응용 프로그램 등을 활용해 이러한 문제들을 해결할 수 있는 방법을 제시하기도 했습니다.

이렇게 교과목에서 배운 내용에 조금만 개인적인 색채를 더해도 진심이 담긴 개성있는 결과물을 만들어 낼 수 있습니다.

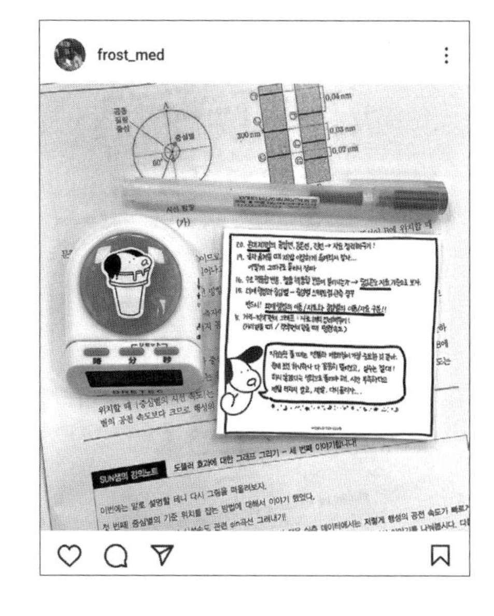
frost_med
중심별
60°
300 nm
0.04 nm
0.03 nm
0.02 nm
시선 방향
(가)
위치할 때 (중심별의 시선 속도는
별의 공전 속도보다 크므로 행성의
SUN샘의 강의노트
도플러 효과에 대한 그래프 그리기 – 세 번째 이야기합니다!
이번에는 말로 설명할 테니 다시 그림을 떠올려보자.
첫 번째 중심별의 기준 위치를 잡는 방법에 대해서 이야기 했었다.

아무것도
하지 않는 것보다
늦은 것이 낫다.

가장 밝게

빛나는

별이 되자.

Seori's Q&A

공부하면서 멘탈을 잡는 데 도움이 되었던 영상이 있나요?

1. 유칼립투스 Eucalyptus

고등학교 2학년 때부터 꾸준히 보기 시작한 유튜버입니다. 서울대학교 의과대학 4학년에 재학 중일 때 처음으로 브이로그를 올리셨는데, 제가 목표하는 학교에서 실제로 공부를 하고 계신다는 사실만으로도 공부 자극이 되었습니다. 끊임없이 의학 공부를 하는 모습을 보면서 저도 그런 공부를 하고 싶다는 생각이 정말 많이 들었고, 브이로그에 나와 있는 모든 부분이 대학 생활의 낭만처럼 느껴졌습니다. 또 브이로그뿐만 아니라 스터디윗미도 올려주셨는데, 공부에 대한 의지가 줄어들 때마다 영상을 틀어놓고 의학 용어로 가득한 화면을 바라보곤 했습니다.

2. 우아 ooa

의대생 브이로그를 꾸준히 보다 보니 어느 날 알고리즘이 한 영상을 추천해주었습니다. '의대생, 번아웃', '하루 18시간 공부' 등의 자극적인 영상 제목에 이끌려 클릭하게 되었습니다. 의대생이 되기만 한다면 하루에 18시간 공부하는 것도 낭만으로 느껴질 만큼 저는 의과대학에 가고 싶었기에, 영상을 처음부터 끝까지 보았습니다. 하지만 부러움으로 시작되었던 감상은 이내 공감으로 바뀌었습니다. 대학생의 번아웃에 관한 영상임에도 불구하고, 고등학생인 저도 공감할 수 있는 내용들과 조언들이 담겨 있었기 때문입니다. 이후에도 저는 힘들 때마다 이 영상을 보면서 마음을 다잡을 수 있었습니다.

3. 김연아의 무대 영상

저는 어릴 때부터 김연아 선수를 무척 좋아했습니다. 다큐멘터리에 나오는 털털한 모습도, 무대에서 카리스마 있게, 때로는 부드럽게 연기를 하며 얼음 위를 가로지르는 모습도 매력적이었기 때문입니다. 김연아 선수의 어린 시절을 담은 다큐멘터리에서 굉장히 인상 깊었던 대사가 있습니다. "뭘 생각하면서 해요. 그냥 하는 거지." 무심하게 피식 웃으면서 했던 말이었지만, 그 말은 제 입시 생활 전반의 모토가 되었습니다. 끊임없이 넘어지고 다쳐도, 결국은 노력으로 아름다운 무대를 만들어가는 과정을 보면서 저는 목표를 위해서 힘든 일도 '그냥 하는' 김연아 선수의 모습을 닮고 싶었습니다. 그래서인지, 김연아 선수가 빙상장에서 연기하는 영상들을 보면서 언젠가 나도 원하는 목표를 이룰 수 있을 것이라는 막연한 기대와 희망에 부풀기도 하고, 묘한 위로를 받기도 했습니다.

Seori's Q&A

시험 당일 하루 루틴이 어떻게 되나요?

내신 시험 기간에는 매일 비슷한 패턴으로 생활하려고 의식적으로 노력했습니다.

우선, 시험 전날 미리 가방을 챙겨두고 잠에 들었습니다. 가방에는 시험용 필통, 아날로그 손목시계, 시험 전에 살펴볼 교과서와 프린트물 및 실수노트, 물, 그리고 당이 떨어질 때를 대비한 초콜릿 정도가 들어 있었습니다. 저는 평소에 학교를 다닐 때와는 다르게, 시험용 필통을 따로 사용하였습니다. 시험용 필통은 속이 들여다보이는 투명한 소재 또는 메시 소재를 썼습니다. 시험 응시 규칙에 따라 조금씩 내용물이 달라질 수는 있겠지만, 저는 잘 나오는지 미리 확인한 검은색 볼펜 3자루, 검은색 컴퓨터 사인펜 3~4자루, 수정테이프 2개, 샤프 2개와 여분의 샤프심, 지우개 2개 등 모든 것을 이중 삼중으로 챙겼습니다.

아침은 가급적 속이 편한 음식을 먹었습니다. 주로 스팸에 흰쌀밥을 먹었습니다. 사실 시험 당일에는 무엇을 먹어도 배가 아파서 가급적 소화가 잘 되는 음식을 먹으려 했습니다.

씻고 옷까지 챙겨 입은 후에는 집에서 잠깐 공부를 했습니다. 학교에 가면 다른 학생들이 있어서, 집중력이 흐트러질 수 있기에 집에서 조금이라도 시간을 더 보내고자 했습니다.

시험 시작까지 45분 정도 남았을 때 학교에 도착하도록 등교 시간을 맞추었습니다. 학교에 도착하면, 들고 간 준비물을 세팅하였습니다. 학교 종이 울리는 시간을 기준으로 가져간 아날로그 시계를 조절하고, 필기구도 책상 위에 깔끔하게 정리하였습니다. 그러고는 친구들과 이야기를 나누지 않고 최대한 많은 자료를 살펴보았습니다.

시험이 시작되기 전, 선생님께서 모든 자료를 집어넣으라고 하실 때부터는 제 마인드컨트롤이 시작되었습니다. 아무것도 볼 것이 없기 때문에 머릿속으로 암기했던 내용을 떠올리며 중얼거리기도 했고, 시험 시작 10분 전부터는 주로 주기도문을 암송하였습니다. 시험 직전에 불안감이 극심해질 때, 두 손을 꼭 맞잡고 주기도문을 암송하면, 마음이 조금이나마 편해지는 것을 느낄 수 있었습니다.

시험을 보면서는 OMR 체크를 잘 했는지 2~3번 정도 재확인을 합니다. 모든 문제를 제대로 마킹했는지까지 완전히 확인해야만 마음이 놓였기 때문입니다. 극도의 불안증이라고 할 수도 있겠지만, 단순한 실수로 맞힐 수 있는 문제를 맞히지 못하는 억울한 일이 일어나서는 안 되었기에 열심히 검토했습니다.

시험을 마치고 집에 돌아오면 낮잠을 잤습니다. 진이 너무 빠져서 잠을 자지 않으면 머리가 지끈거렸기 때문입니다. 보통 낮잠을 자고 일어나서 점심을 먹을 때쯤 그날의 답안지가 올라왔습니다. 저는 당일 채점을 하는 것을 원칙으로 했기 때문에 결과가 좋든 좋지 않든 일단 채점을 하였습니다. 시험을 잘 봤다면 잘 본 대로, 못 봤다면 못 본 대로 다음날의 시험을 잘 준비할 수 있었습니다.

채점을 마친 후에는 시험이 끝난 과목의 모든 자료를 깔끔하게 치워두었습니다. 이미 지난 시험의 결과는 바꿀 수 없으니 다음날의 시험을 제대로 준비하자고 마음을 다잡으며 공부를 시작했습니다.

< 수능 당일 준비물 목록 >

date: 수능 준비물 챙기기

time

comment

행동강령 · 멘탈강령 쓰기

task

휴대가능	신분증(주민등록증)✔ 수험표✔
	개인 컴싸 ×2 ✔
	흑색연필 ×5 (HB, HB, B, B, 2B)✔
	수정테이프 ×2 ✔
	지우개 ×2 ✔
	샤프심 (0.5 B) ✔
	시계 ×2 (시간연동해서 맞춰두기)✔
	마스크 ×2 (여분, 비닐팩)
이외	점심약✔ 점심도시락✔ 간식(초콜릿 - 국어 전·수학 전·탐구 전)✔
	물 (무라벨 생수 ×2, 따뜻한 물-텀블러)✔
	안경닦이 ✔
	증명사진 ×1 ✔
	휴지팩 + 높이 조정용 휴지 / A4 ✔
공부	국어 - 예열지문✔ 수학 - 오답요점정리파일✔
	영어 - 예열지문✔ 한국사 - 수특✔

memo

생Ⅰ - 오답요점정리파일✔ 지Ⅰ - 오답요점정리 노트+파일✔

복장 - 검은 기모 바지 · 회색 얇은 후드집업 + 면티(반팔)

목도리 · 검은운동화 · 핫팩 · 털파카(제출)

timetable: 05 06 07 08 09 10 11 12 13 14 15 16 17 18 19 20 21 22 23 24 01 02 03 04

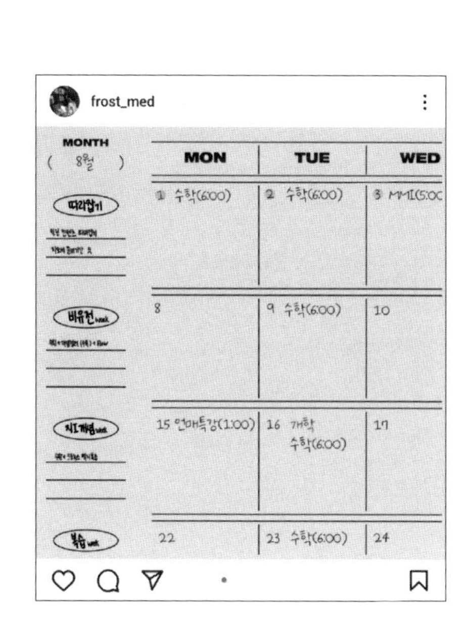
frost_med
MONTH
(8월)
MON
TUE
WED
따라잡기
1 수학(6:00)
2 수학(6:00)
3 MMI(5:0
비유전 week
8
9 수학(6:00)
10
지I개념 week
15 인매특강(1:00)
16 개학
수학(6:00)
17
복습 week
22
23 수학(6:00)
24

부록

서리의 플레이 리스트

서리의 독서 리스트

서리의 공부 톡방

서리의 스터디 플래너

서리의 플레이 리스트

공부에 지쳐 마음이 힘들 때

➔ 박자가 느리고 멜로디가 편안해 위로가 되는 곡들입니다. 공부를 마치고 집에 돌아오면서 많이 들었습니다.

▶ Titanium (Sia)

▶ Golden hour (Jvke)

▶ Afterglow (Ed Sheeran)

▶ Snow On The Beach (Taylor Swift)

▶ Never Be the Same (Camila Cabello)

▶ Hey siri (Salem ilese)

▶ High Hopes (Panic! At The Disco)

▶ Butterfly (윤도현 밴드 / 슬기로운 의사생활 - 미도와 파라솔 버전)

▶ Firework (Katy Perry)

수학 문제 풀 때

➔ 다소 박진감 넘치는 음악을 들으면 수학 문제를 풀 때 어느 정도 긴장감이 느껴져 집중하는 데 도움이 되고 문제 푸는 속도도 높일 수 있었습니다.

▶ Sober Up (AJR)

▶ More (Sam Ryder)

- Fall So Hard (Christopher)
- Stereo Hearts (Glee Cast)
- Stronger (Kelly Clarkson)
- Victoria's Secret (JAX)
- Don't Break the Heart (Tom Grennan)
- Shut Up and Dance (Walk The Moon)
- Lost in the Wild (Walk The Moon)
- 10 Things I Hate About You (Leah Kate)
- Infinity (Jaymes Young)
- She's all I wanna be (Tate McRae)
- Symphony (Clean Bandit)

수학 외 과목 공부할 때

→ 가사 없는 음악이나 도서관 ASMR을 주로 들었습니다. 신카이 마코토 감독의 영화 OST를 피아노로 연주한 음악이나 해리 포터를 콘셉트로 한 ASMR을 들었습니다.

<피달소 Pidalso>
<낮잠 NZ Ambience>
<Tigger ASMR>

여가 시간에 읽은 책

《Harry Potter》 시리즈(J.K. 롤링)

➡ 6살 때부터 읽었던 시리즈여서 그런지 이 책을 읽으면 마치 고향으로 돌아간 것 같이 마음이 편안합니다.
다시 읽어도 표현들이 신선하게 다가와서 영화를 보는 것보다도 만족스러웠습니다.

《Lord of the Rings》 시리즈(J.R.R. 톨킨)

➡ 판타지 소설인데도 배경이 매우 구체적으로 설정되어 있어서 읽으면서 몰입하기 좋았습니다.

《Anne of Green Gables》 시리즈(루시 모드 몽고메리)

➡ 도시의 저와는 딴판인 세상을 살면서 무한한 상상의 나래를 펼치는 앤의 모습을 바라보는 것이 즐거웠습니다. 망상을 많이 하지 않는 저에게 망상의 즐거움을 알려준 책이었고, 점점 앤에게 감정을 이입하며 함께 성장하는 기분이 들었습니다.

《제3인류》 《파피용》(베르나르 베르베르)

➡ 베르나르 베르베르의 소설은 SF지만 과학과 신화, 종교와 사회 등 수많은 분야를 아우르는 훌륭한 작품입니다. 생각지도 못한 연결 고리들로 저에게 수많은 상식들을 새롭게 끼워 맞추는 이야기들이 저에게 끊임없이 생각할 거리를 던져주었습니다.

진로 연관 책

《장기려, 우리 곁에 살다 간 성자》(김은식)

➔ 제목에서 짐작할 수 있듯 장기려 선생님의 전기입니다. 진정으로 환자들을 위하는 의사가 어떤 의사인지에 대해서 생각해볼 수 있어 유익했습니다.

《이기적 유전자》(리처드 도킨스)

➔ 서울대학교 학생들의 필독서로도 유명한 책입니다. 개인적으로 굉장히 흥미로운 책은 아니었지만 기저가 되는 아이디어들은 현재 과학과도 밀접하게 연관되는 만큼, 한 번씩 꼭 읽어두는 것이 좋다고 생각합니다.

《모리와 함께한 화요일》(미치 앨봄)

➔ 죽음에 관한 깊이 있는 질문을 던져주는 책입니다. 불치병에 걸린 모리 교수님과 그의 제자 사이에 오고 가는 철학적 대화를 통해 삶에 대해서 생각해보게 합니다.

《보이지 않는 고통》(캐런 매싱)

➔ 의료의 현실, 의료 불평등에 관한 이슈들을 다룬 책입니다. 의사가 되기를 꿈꾸는 학생들에게 특히 추천합니다. 뉴스를 통해서는 접하기 어려운 조금 더 심화된 내용들을 설명해주는 만큼, 토론의 주제가 될 만한 것들을 다루고 있습니다.

《나는 매주 시체를 보러 간다》(유성호)

➔ 의사라는 직업에 관심을 가지게 되면서 의사의 한 종류인 법의학자가 무엇을 하는 직업인지 궁금해 읽게 되었습니다. 죽음을 통해 삶을 바라보게 만드는 책이기도 했습니다.

교과 내용 심화

➔ 교과서에서 다루는 지문의 원문 전체를 확인하고자 찾아 읽은 도서들입니다.

《1984》(조지 오웰)
《난장이가 쏘아올린 작은 공》(조세희)
《코스모스》(칼 세이건)
《미적분의 힘》(스티븐 스트로가츠)

서리의 공부 톡방

< 공부 >

어떻게 하면 올 1등급이 나오나요?

학기 중에는 시험이 끝난 날만 반나절 놀았고 나머지 시간에는 항상 공부했어요. 쉬는 날에도 공부를 하지 않은 날이 없었어요.

고1 1학기 내신 3.0인데 2학기부터 잘 챙기면 지방 의대에 갈 수 있을까요?

충분히 가능합니다. 절대 수시를 포기하지 마세요. 꿈을 지금 찾은 게 오히려 더 큰 동기 부여가 될 수 있어요!

한 번 공부할 때 얼마나 공부하고 얼마나 쉬나요?

70~80분 공부하고 20분 쉬었어요.

방학 공부 루틴 궁금해요.

아침에 국어 1시간, 수학 5~6시간, 과탐 3시간 했어요.

수학 문제 풀 때 무작정 풀기만 하는데요, 더 좋은 방법이 있는지 궁금해요.

문제를 풀면서 이 개념이 왜 이런 식으로 적용되었는지 생각하면서 풀면 좋아요. 그리고 강의 듣는 거 있으면 선생님이 풀어주셨던 문제들은 무조건 다시 풀어보고 복습하세요. 수학은 실수노트 만드는 것도 좋아요.

국어 비문학 풀 때 어떻게 푸나요?

지문 한 번 쭉 읽으면서 기호로 표시합니다. 그다음 문제와 지문을 왔다 갔다 하며 풀어요.

< 활동 >

반장이나 동아리 회장, 학생회 등은 하지 않았나요?

고등학교 1학년 1학기, 2학년 1학기 때 반장을 했고, 2년 내내 화학 생물 동아리의 회장을 맡았습니다. 학생회는 따로 하지 않았어요!

가장 많이 쓰는 필기구가 무엇이었나요?

기본적으로 샤프와 흑색, 청색, 적색 볼펜을 위주로 사용했습니다. 다양한 색의 펜을 사용하면 오히려 집중력이 흐트러지는 것 같아서요!

고등학교 다닐 때 몇 시에 자고 몇 시에 일어났나요?

새벽 1~2시에 자고 7시에 일어났어요.

커피를 많이 마시는 편이었나요?

저는 카페인에 민감해서 조금만 마셔도 머리가 아파서 커피를 마시지는 않았습니다! 보약이나 비타민으로 기력을 보충했어요.

외국 생활 경험이 있나요?

아니요. 여행은 종종 갔지만 외국에 거주한 적은 없습니다.

< 마인드 >

마인드 관리 어떻게 하나요? 강해져야 할 때인지 곪은 걸 보살펴야 할 때인지 잘 모르겠어요.

둘 다 해야죠! 곪은 건 어딘가에 글로 써보세요. 그럼 해소가 돼요. 그렇게 더 강하고 단단한 멘탈을 가꾸면 돼요. 파이팅!

하루하루 어떤 마음가짐으로 버텼나요?

'오늘 하루만 제대로 해보자!'라는 마인드를 매일 새롭게 다졌습니다.

고등학교 공부에 가장 큰 걸림돌이 되는 요소가 뭘까요?

부정적인 마인드와 스마트폰이요!

인간관계로 스트레스 받을 때 어떤 마인드로 버텼나요?

인간관계는 순간이고 입시는 영원이다. 특히 삐걱대는 관계는 어차피 없어질 관계라고 생각하고 공부에 더 몰입했습니다.

공부하기 싫을 때 이겨내는 꿀팁 있을까요?

저는 그럴 때 음악 들으며 산책해요. 아니면 15분 정도 눈을 붙입니다. 그러고는 반드시 다시 책상에 앉아 한 문제라도 더 풀어요. 그게 습관이 되었어요.

YEAR / MONTH / DAY

2022·08·05 FRI

D - DAY

KSAT
D-104

COMMENT

반복에 지치지 않는 자가 성취한다.

+시간낭비를 줄이자!!

TOTAL TIME

7H 11M
(+3H 30M)

TASKS

국어	김은양 이익제기 문학7-15	V
	김은양 이익제기 선택과목(언매)	V
	Re:EBS 고전문학 4개 작품 읽기	V
	Re:EBS 현대문학 4개 작품 읽기	V
수학	수능완성 (미적분) 09 문채오	V
지구I	sun 300제 50Q 문채오(Q.73-104)	V
	↳ 백지 test 후 크로녹스와 비교	V
	sunset Q.37-48 I-(1)(2)	V
	sunset 어싸 1부 문채오	V
	sunset 어싸 2부 문채오	V
	Accelerator #25 문채오 7/8	V
	Bridge #25 문채오 42	V
	DAYBREAK 3회 문채오 39	V
	서바 α 3회 문채오. 34 ↳ 망했...	V

TIMETABLE

6 7 8 9 10 11 12 1 2 3 4 5 6 7 8 9 10 11 12 1 2 3

911

911

000

MEMO

6:30 박선 학원

YEAR / MONTH / DAY

2022.08.06 SAT

D-DAY

KSAT

D-103

COMMENT

네가 시작했잖아. 끝내야지.
어떻게든 버텨.

TOTAL TIME

NO COUNT
(+7H)

TASKS

국어	김은양 9:00 (이감 season5 #4) 88	V
	이감 모의고사 오답 & 원인분석	V
생Ⅰ	최수준 1:30 (서바 #4) 39	V
	서바 4회차 오답 & 원인분석	V
	수능특강 #09 step3 문채오	V
	수능특강 #10 step2 문채오	V
	수능특강 #10 step3 문채오	V
	수능완성 #01 2점·3점 문채오	V
	수능완성 #02 2점·3점 문채오	△
	수능완성 #03 2점·3점 문채오	X
수학	강기원 어싸 01 복습	V
	강기원 어싸 02 복습	V
	강기원 어싸 03 복습	V

MEMO

TIMETABLE

6 7 8 9 10 11 12 1 2 3 4 5 6 7 8 9 10 11 12 1 2 3

911

911

YEAR / MONTH / DAY

2022.08.07 SUN

D - DAY

KSAT
D-102

COMMENT

악으로 깡으로.

TOTAL TIME

7H 37M
(+3H 45M)

현대백화점 무역센터점 '송' 돈까스+메밀 911 냠.

TASKS

과목	할 일	체크
국어	김은양 #Y05 DAY1 문채오	V
	Re: EBS 고전문학 작품 4개 읽기	V
	Re: EBS 현대문학 작품 4개 읽기	V
수학	강기원 (9:00) 3회 모의고사 92	V
	강기원 어싸 Q1-30 문채오	X
지I	크로녹스 1권 1-(1)(2) 문채오	V
	크로녹스 1권 1-(3)(4) 백지테스트	V
	크로녹스 1권 1-(3)(4) 문채오	V
	크로녹스 1권 2-(1)(2) 백지테스트	V
	크로녹스 1권 2-(1)(2) 문채오	V
	크로녹스 1권 2-(3)(4) 백지테스트	△
	크로녹스 1권 2-(3)(4) 문채오	△
	크로녹스 1권 2-(5) 백지테스트	X
	크로녹스 1권 2-(5) 문채오	X

MEMO

TIMETABLE

6 7 8 9 10 11 12 1 2 3 4 5 6 7 8 9 10 11 12 1 2 3

911

911

000

YEAR / MONTH / DAY

2022. 08. 08. MON

D - DAY

KSAT

D-101

COMMENT

끝까지 한번 해보자.

TOTAL TIME

11H 50M

나름갓생. 근데 지구 진도 더럽게 안나감.

TASKS

국어	김은양 #Y05 DAY2 문채오	V
	Re: EBS 고전문학 작품 4개 읽기	V
	Re: EBS 현대문학 작품 4개 읽기	V
수학	강기원어싸 Q1-30 문채오	△
지I	크로녹스 1권 2-(4)(5) 백지테스트	V
	크로녹스 1권 2-(4)(5) 문채오	V
	크로녹스 2권 백지테스트	△
	↳ 1-(1)(2)(3)(4)	V
	↳ 2-(1)(2)(3)(4)	X
	↳ 3-(1)(2)(3)(4)	X
	크로녹스 2권 문채오	△
	↳ 1-(1)(2)(3)(4)	V
	↳ 2-(1)(2)(3)(4)	X
	↳ 3-(1)(2)(3)(4)	X

TIMETABLE

6
7
8
9
10
11
12
1
2 911
3
4
5
6
7
8 000
9
10
11
12
1
2
3

MEMO

YEAR / MONTH / DAY

20220901 THU

D - DAY

D-77

COMMENT

가능성을 믿는 순간
길은 시작된다

TOTAL TIME

TASKS

1교시 (심리학) 김은양 주간지 Day3 문채오 ✓

2교시 (확통) 이감 간쓸개 Day3 문채오 ✓

국어 9모 시험지 분석·해설

3교시 (미적분) 강기원 어싸 수I·II #1-22 문채오

4교시 (고·화) 진도

점심시간 수학 9모 시험지 분석·해설

5교시 (진로) 지구과학I 9모 시험지 분석·해설

생명 자소서 부분 확인받기 (미아T)

6교시(음감비) 강기원 어싸 수I·II #23-31 문채오

7교시 (물II) 진도, 물리 자소서 부분 확인받기 (기택T)

집 생명과학I 9모 시험지 분석

수능완성 08 유전정보와 염색체 문채오

수능완성 09 사람의 유전 문채오

수능완성 10 사람의 유전병 문채오

10:00 박치욱T 컨설팅

ㄴ 자소서 2번 생각해놓기

MEMO

총평 국어·수학·생I·지I

TIMETABLE

6 7 8 9 10 11 12 1 2 3 4 5 6 7 8 9 10 11 12 1 2 3

YEAR / MONTH / DAY

20220902 FRI

D-DAY

D-76

COMMENT

느리더라도 힘주어 밟은 걸음이
발자국도 깊다.

TOTAL TIME

TASKS

국어	김은양 기출갈무리 DAY04 문채오
	이감 간쓸개 DAY04 문채오
수학	강기원 어싸 수I·II #1-22 문채오
	강기원 어싸 수I·II #23-31 문채오
지I	박선T 수업(6:30-10:00)
	어싸 권 1부 문채오
	어싸 권 2부 문채오
자소서	#2 새로 쓰기
	#3 (다른 대학) 초안 쓰기
	#1 고치기
	#3 (서울대) 고치기

TIMETABLE

6 7 8 9 10 11 12 1 2 3 4 5 6 7 8 9 10 11 12 1 2 3

MEMO

YEAR / MONTH / DAY

20220904 SUN

D - DAY

D-74

COMMENT

TOTAL TIME

TASKS

	주교재 DAY01 문채오	✓
국어	문학개념어 DAY01 문채오	✓
	이감 DAY01 문채오	✓
	언매05 DAY02 문채오	✓
수학	강기원T 수업(9:00-12:30)	✓
	수II Shortcut #01-09 문채오	✓
	수I shortcut #01-22 문채오	✗
지I	박선 sun300제 #208-256 문채오	✓
	박선 sun300제 #257-300 문채오	✗
	박선 sunset 어싸 #1부 문채오	✗
	박선 sunset 어싸 #2부 문채오	✗
	크로녹스 백지 test	✗

TIMETABLE

6 7 8 9 10 11 12 ←자바칩♡- 1 — 911 → 2 3 4 5 6 7 8 9 10 11 12 1 2 3

MEMO

자소서	Q2	✗

서울대 의대
1학년의
찐 합격 노트

초판 2쇄 발행 2023년 12월 10일
초판 1쇄 발행 2023년 11월 5일

지은이 곽민정
발행인 손은진
개발책임 김문주
개발 김민정 정은경
제작 이성재 장병미
마케팅 엄재욱 조경은
디자인 엄혜리

발행처 메가스터디(주)
출판등록 제2015-000159호
주소 서울시 서초구 효령로 304 국제전자센터 24층
전화 1661-5431 팩스 02-6984-6999
홈페이지 http://www.megastudybooks.com
출간제안/원고투고 writer@megastudy.net

ISBN 979-11-297-1103-8 13370

메가스터디BOOKS
'메가스터디북스'는 메가스터디㈜의 출판 전문 브랜드입니다.
유아/초등 학습서, 중고등 수능/내신 참고서는 물론, 지식, 교양, 인문 분야에서 다양한 도서를 출간하고 있습니다.